U0567070

MARILYN
AT
RAINBOW'S
END

SEX
LIES
MURDER
AND
THE GREAT
COVER-UP

女神误落人间

玛丽莲·梦露

的 风 华 绝 唱

［美］达尔文·波特　著

崔阳洋　张璨　安娜　译

Darwin
Porter

北京联合出版公司
Beijing United Publishing Co.,Ltd.

图书在版编目（CIP）数据

女神误落人间：玛丽莲·梦露的风华绝唱/（美）波特著；崔阳洋，张璨，安娜译 .—北京：北京联合出版公司，2015.11（2022.11 重印）

ISBN 978-7-5502-6146-4

Ⅰ.①女… Ⅱ.①波… ②崔… ③张… ④安… Ⅲ.①传记文学—美国—现代 Ⅳ.① I712.55

中国版本图书馆 CIP 数据核字 (2015) 第 216409 号

北京市版权局著作合同登记号：图字 01-2015-1484

Marilyn At Rainbow's End: Sex, Lies, Murder, and the Great Cover-up
Copyright © 2012, Blood Moon Productions, Ltd.
The simplified Chinese translation rights arranged through Rightol Media
（本书中文简体版权经由锐拓传媒取得 Email:copyright@rightol.com）

女神误落人间：玛丽莲·梦露的风华绝唱

作　　者：［美］波特
译　　者：崔阳洋　张　璨　安　娜
出　品　人：赵红仕
责任编辑：管　文
封面设计：吴黛君

北京联合出版公司出版
（北京市西城区德外大街83号楼9层 100088）
北京新华先锋出版科技有限公司发行
涿州汇美亿浓印刷有限公司印刷　新华书店经销
字数225千字　787毫米×1092毫米　1/16　17印张
2015年11月第1版　2022年11月第2次印刷
ISBN 978-7-5502-6146-4
定价：69.00元

版权所有，侵权必究
未经许可，不得以任何方式复制或抄袭本书部分或全部内容
本书若有质量问题，请与本社图书销售中心联系调换。电话：（010）88876681-8026

卡米洛特的情人

时间啊，请温柔以待，

帮帮我这个疲惫的人吧，

帮我忘记那些悲伤的过往。

请抹去我的孤单，

请放松我的精神，

在侵蚀我的血肉的时候。

——玛丽莲·梦露

目　　录

contents

part06　明天在哪里

part07　美人陨落

尾声 _ 252

MARILYN MONROE

我自私，缺乏耐心，没有安全感。我
经常犯错，甚至野性难驯，但如果你
不能包容我最差的一面，那么你也不
配拥有我最好的一面。

Part 01

不被期待的孩子

我不是孤儿

1926 年 6 月 1 日，早上 6 点半左右，在洛杉矶总医院的慈善病房里，一个名叫诺玛·简·莫太森（Norma Jeane Mortenson）的女婴出生了。她是私生女，没有人为她的到来欢呼雀跃，包括她的母亲。

诺玛·简的母亲名叫格拉迪斯·皮尔·梦露（Gladys Pearl Monroe）——一个容貌出众的影片剪辑员。格拉迪斯于 1900 年 5 月出生于墨西哥，是家里的第一个孩子。她出生后不久，一家人就搬到了洛杉矶。她的母亲黛拉·梦露（Della Monroe）是那一带远近闻名的美人，性格十分强势，而她的父亲则略显平庸。1905 年，梦露家迎来了第二个孩子，是个男孩，但他的到来并未给这个家庭带来欢乐，反而加重了经济负担。那段时间，梦露一家居无定所。更糟糕的是，1909 年，格拉迪斯年仅 43 岁的父亲去世了。根据医院的诊断，父亲死于脑梅毒瘤，但他死前的表现很不正常，家里人都觉得他得了疯病。黛拉告诉孩子们，他们的父亲是死于精神疾病。这似乎成了梦露家精神病史的开端。

37 岁的黛拉成了寡妇，一个人带着两个孩子。好在她长得漂亮，十分受某些男性的欢迎，但她的精神状态不太稳定。或许是丈夫的离世给她带来的打击太过沉重，也或许是隐藏在基因中的精神疾病已经开始显现。1912 年，黛拉嫁给了一位比自己小 6 岁的男性，但很快就离婚了。此后，她的个人生活非常混乱，有过很多男人，始终没能安定下来。在那个保守的年代，黛拉很快招惹了众多非议，人们指责她是一个不检点的女人。

格拉迪斯就是在这样的环境中长大的，没有父亲耐心的陪伴，也没有母亲温柔的呵护。动荡的生活让她不安和苦闷，但她最终还是长成了一位美丽的少女。1916 年前后，格拉迪斯的弟弟因为不听话，被黛拉送走了。当时的格拉迪斯 16 岁，没人知道她和弟弟的感情到底如何，但她又失去了一个亲人却是事实。缺乏关爱的格拉迪斯迫切渴望能够出现一个人带她脱离"苦海"，恰在此时，杰克·贝克（Jack Baker）出现了。

贝克是一名商人，刚从部队退役。他比格拉迪斯大 12 岁，算不上帅气，但丰富的生活经历让他显得很成熟。他很理解格拉迪斯，尽力帮她解决生活中的问题。对于单纯的格拉迪斯来说，贝克满足了她的全部幻想。两人很快就决定结婚，黛拉对此并不反对。1917 年 5 月 17 日，格拉迪斯怀着对幸福的憧憬嫁给了贝克。婚后，贝克夫妇有了两个孩子。然而好日子没有持续多久，格拉迪斯就发现自己被骗了。贝克和婚前判若两人，他脾气暴躁，还有暴力倾向。于是，这段不幸的婚姻草草结束了。贝克得到了两个孩子的抚养权，他带着孩子们搬走了，而格拉迪斯再次变得无依无靠、一无所有。

1924 年，格拉迪斯迎来了自己的第二段婚姻，这次她选对了人——马丁·爱德华·莫太森（Martin Edward Mortenson），一个温和、稳重、体贴的丈夫。只可惜，生活对格拉迪斯过于残酷，结婚没多久，她就表现出了明显的精神问题。莫太森接受不了这样的妻子，新婚不过四个月，他就选择了离开。

再次失去依靠的格拉迪斯很快就和母亲一样，开始和不同的男人交往。当时，她在联合电影公司工作，就是在那里，她遇到了诺玛·简的生父——查尔斯·斯坦利·基佛德（Charles Stanley Gifford），一个刚刚离异的男人。两人很快坠入爱河。没多久，格拉迪斯发现自己怀孕了。她找到基佛德，但基佛德从未想过要负责，也不相信这是他的孩子。自然，别人也不相信格拉迪斯的话。长大后的诺玛·简曾找过基佛德，但对方拒绝见面。诺玛·简难过地说："我不过是想叫他一声爸爸。"

诺玛·简·莫太森出生后，格拉迪斯的精神状态更糟糕了，或许是生活处境加重了她内心的压力——她住院时的钱都是同事们捐助的，基佛德没有出过一分钱。格拉迪斯已经决定听从母亲黛拉的建议，把孩子交给一对夫妇抚养。他们是黛拉的邻居。妻子艾达·勃兰德尔（Ida Bolender）性子有些冷淡，她收养了很多孩子——与其说是收养，不如说是照顾，因为每个孩子都能让她获得一定的收入，这笔钱刚好可以补贴家用。艾达的丈夫埃尔伯特（Albert）是一名邮递员，收入微薄，但人不错，工作也很努力。夫妇俩都是虔诚的基督徒，作风十分严谨。黛拉认为，诺玛·简在这样的环境下成长是再好不过的了。6月13日，出生刚两个星期的诺玛·简就被送走了。格拉迪斯万分不舍，但毫无办法，在与女儿相处的那几天里，她就常常精神恍惚，完全无法照顾孩子。

女儿被接走后，格拉迪斯非常不安，她决定每个周末都去艾达家看看女儿。就在那时，黛拉从印度回来了。她独自一人，神情落寞，精神状态也不太稳定。格拉迪斯记得母亲在离开前曾说过再也不回来之类的话，因此对于母亲的出现，她感到很意外。不过，她很快就知道了，母亲是被那个叫查尔斯的"丈夫"抛弃了。

为了照顾黛拉，格拉迪斯搬到了母亲那里。两个同样面临精神问题困扰的女人彼此安慰，互相取暖。格拉迪斯害怕母亲会和父亲一样，于是带她去医院做了检查。黛拉被确诊为心脏病，但这无法解释黛拉糟糕的精神状况。有一次，黛拉去看望外孙女，却和艾达大吵了起来，甚至还引来了警察，因为黛拉居然想伤害幼小的诺玛·简。

黛拉的病情恶化得很快，她总是疑神疑鬼的，动不动就大吵大闹。格拉迪斯再次带她去做检查，这一次，医生的诊断结果是黛拉得了疯病，必须送去疯人院。格拉迪斯不想把母亲送走。1927年8月4日，一直疯疯癫癫的黛拉突然有了片刻的清醒，她恳求女儿把自己送走。第二天，格拉迪斯难过地与母亲分别，谁都没有想到，这一别就是永恒。8月23日，黛拉死在了诺沃克的州立医院，享年51岁。

父母都已去世，弟弟和两个孩子杳无音讯，女儿也被送人——可以说，格拉迪斯成了孤家寡人。她变得越加孤僻，不再和朋友联系，也不参加任何活动，就像把自己圈在了一座孤岛上，精神状况也急转直下。

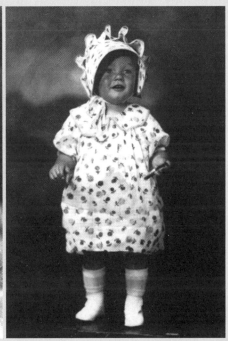

幼年时的诺玛

那时的诺玛·简还不知道这一切，六个月大的时候，她在参加洗礼时得到了一个新名字——诺玛·简·贝克（Norma Jeane Baker），她随了格拉迪斯第一任丈夫的姓。当然，总有一天她会得到更适合自己的，也更耀眼的名字——玛丽莲·梦露。

艾达家很小，诺玛·简没有属于自己的小房间，也没有昂贵的玩具，但吃穿还不错。她和小伙伴们一起玩耍，一起成长。曾和诺玛·简生活过的女孩在接受采访时说，她们的童年很幸福，那个时候正赶上大萧条，很多人比她们还要困窘。

艾达努力为孩子们提供一个较好的环境，院子里种了果蔬，大家可以吃到新鲜的食物。不过，她是一个很严厉的女人，孩子们必须严格遵守她的规矩。身为虔诚的教徒，她要求孩子们必须认真祈祷。长大后的诺玛·简曾说，她4岁时就被迫记住了自己根本不理解的祈祷词。艾达强势的性格和严苛的态度深深地影响了诺玛·简，以至于长大后的诺玛·简常常表现出令人吃惊的坚强。

成为玛丽莲·梦露后，诺玛·简在很多采访中都回顾了自己在艾达家的生活。在她的叙述中，童年似乎总是与贫困为伴，生活并不如意，艾达也被她描述成了一个不慈爱的养母。但很多人指出，这不是事实，艾达因为疼爱诺玛·简，曾经想正式收养她，但遭到了格拉迪斯的坚决反对。

1933年，7岁的诺玛·简已经出落得十分漂亮，金黄色的头发，可爱的脸庞，甜美的笑容，见到她的人都不禁喜欢上了这个小姑娘。诺玛·简一直把艾达当作自己的母亲，但艾达拒绝"妈妈"这个称呼，也不允许诺玛·简叫自己的丈夫"爸爸"。她认为，自己没有领养诺玛·简，自然不应该被这样称呼。但是，温和的埃尔伯特并不介意，艾达不注意的时候，诺玛·简就会缠着"爸爸"，问他各种各样的问题。每一次，"爸爸"都会耐心地跟她解释。

格拉迪斯试图要回诺玛·简，毕竟女儿是她唯一的陪伴，也是她唯一的

诺玛·简和母亲格拉迪斯。虽然格拉迪斯偶尔
会去看望诺玛·简，但两人的关系一直很生疏

希望。起初艾达不同意，直到诺玛·简的狗被车撞死。那条狗是诺玛·简最好的伙伴，它的死让诺玛·简大受打击。小诺玛·简坚持认为狗是被人害死的，但艾达说它确实是被车撞死的。诺玛·简不愿相信，情绪激动，看上去既固执又脆弱。或许是因为艾达觉得格拉迪斯可以安抚诺玛·简，又或许是因为诺玛·简的表现让艾达对自己的教育产生了怀疑，总之，艾达终于不再找借口，同意让格拉迪斯接回女儿。

格拉迪斯和格蕾丝·麦基（Grace McKee）一起来接诺玛·简。格蕾丝是格拉迪斯多年的朋友兼同事。格拉迪斯生诺玛·简时，格蕾丝一直陪在她身边。一开始，诺玛·简以为自己被抛弃了，对她来说，格拉迪斯就像一个陌生人。

回到格拉迪斯身边没多久，诺玛·简就因为格拉迪斯和格蕾丝的发财计划而被送到了莫特·阿特金森斯（Marde Atkinson）家中寄养。阿特金森斯夫妇都是演员，性格随和。之后，三人又一起回到了格拉迪斯家里。

对诺玛·简来说，这是一段幸福的日子。格拉迪斯有时会带女儿去看电影、散步，或者和阿特金森斯夫妇一同在家里唱歌、跳舞。从那时起，生活仿佛为诺玛·简打开了新的大门，她有了自己的梦想——她渴望自己有一天可以成为演员。格蕾丝是她的第一个支持者，格蕾丝相信，这个小姑娘一定会出现在银幕上。

然而，幸福并没有在格拉迪斯家驻足多久。1933 年 10 月，格拉迪斯收到一封信，是第一任丈夫的弟弟寄来的。信上说，格拉迪斯的儿子罗伯特·贝克（Robert Baker）在 8 月份的时候因肾病去世了。格拉迪斯看过信后十分伤心。没多久，她又得知了祖父过世的消息，据说他死于疯病。格拉迪斯既难过又恐慌，精神状况越来越差。

诺玛·简每天面对着发疯的母亲，这给年幼的她留下了难以抹去的影响，但她并没有抱怨。她理解母亲的难处，自己曾被寄养在别人家也属无奈。不过，在小小的她的内心深处，她一直渴望有一个父亲，一个疼爱她、照顾她的父亲。

格拉迪斯的状况持续恶化，终于到了无法挽回的地步。那是一个早晨，格拉迪斯疯了般地大喊大叫，说有人要杀她。她被紧急送往医院，医生断定她得了偏执型精神分裂症，她不仅会对自己，也会对他人产生威胁，必须进精神病院治疗。

　　诺玛·简失去了监护人，格蕾丝决定担负起照顾诺玛·简的责任。与格拉迪斯相比，格蕾丝对诺玛·简的照顾更加细致。格蕾丝经常给诺玛·简打扮，带她去看电影，还给她讲自己最爱的影星——珍·哈露（Jean Harlow）的故事。珍·哈露活跃于20世纪30年代，是知名的电影演员和公认的性感女神，也是好莱坞金发女郎的鼻祖。她因出演霍华德·休斯（Howard Hughes）投资拍摄的电影《地狱天使》（Hell's Angels）而走红，随后又拍摄了《红尘》（Red Dust）等多部影片。在格蕾丝的影响下，诺玛·简从小就把珍·哈露视为偶像。诺玛·简后来的人生确实和珍·哈露有些许相似：两人都是红颜薄命——珍去世时26岁，玛丽莲·梦露36岁；两人都曾拍过裸照；两人都和克拉克·盖博（Clark Gable）合演了各自的最后一部影片。

　　然而，格蕾丝再次结婚的决定改变了一切。此前，格蕾丝已经结过三次婚了，这一次，她决定嫁给一个带着孩子的离异男子。一开始，格蕾丝打算带着诺玛·简一同生活，但这个新成立的家庭并不富裕，她的第四任丈夫希望把诺玛·简送走。格蕾丝不愿放弃来之不易的婚姻，只好同意了。艾达听说了这个消息，十分希望能够领养诺玛·简，但被格蕾丝拒绝了，因为格拉迪斯对格蕾丝说过，艾达是她的敌人。

　　1935年9月13日，格蕾丝把诺玛·简的衣服都找出来、装好，开车把诺玛·简送到了洛杉矶孤儿院。诺玛·简就这样被抛弃了，她大喊："我不是孤儿！"然而无人理会。格蕾丝常常去孤儿院看她，也承诺会接她走，但这永远也无法弥补给诺玛·简造成的伤害。成年后的诺玛·简十分害怕被抛弃，就像她说的那样："在这个世界上，我最想得到的就是爱，对我来说，爱就是不被抛弃。"

后来，诺玛·简和同母异父的姐姐伯尼斯·贝克（Bernice Baker）取得了联系，这让诺玛·简感到了一丝安慰。在这个世界上，她还有一个可以依靠的亲人。两人开始通信，并一直保持着联系，在彼此身上寻找活下去的勇气。

几经辗转，诺玛·简终于迎来了一个可靠的监护人——安娜·艾奇逊·洛尔（Ana Atchinson Lower）阿姨，格蕾丝的姑姑。安娜已经 58 岁了，她温柔善良，独自住在洛杉矶。诺玛·简到来后，安娜常常陪她聊天，耐心地照顾她。安娜鼓励她要自信和勇敢，努力实现自己的梦想。可以说，安娜给了诺玛·简最渴望的温情，也给了她最重要的人生指导。诺玛·简曾说，是她最爱的安娜阿姨教会了她要热爱平凡的生活。

1940 年，安娜 60 岁了，她没办法再继续照顾诺玛·简，诺玛·简回到了格蕾丝家。但是，格蕾丝的丈夫得到了一份新工作，全家人准备搬到弗吉尼亚州去。诺玛·简又要被送回孤儿院了。格蕾丝对此很内疚，她想了一个办法，即让诺玛·简和邻居家的小伙子——詹姆斯·多尔蒂（James Dougherty）结婚，这样，诺玛·简就不用去孤儿院了。诺玛·简起初不同意，她才 15 岁，还只是一个孩子。可是，她更不愿意回到孤儿院。在格蕾丝的劝说下，她最终妥协了。

詹姆斯生于 1921 年 4 月 12 日，比诺玛·简大 5 岁。他高大健硕，曾是校园橄榄球队的队员，格蕾斯认为他是个不错的丈夫人选。詹姆斯对诺玛·简也有好感。随后，诺玛·简退学了，她只念到初中二年级。

年轻的诺玛·简

16 岁的新娘

1942 年 6 月 19 日，刚过完生日两个多星期后，16 岁的诺玛·简和詹姆斯·多尔蒂举行了婚礼。安娜阿姨为她设计了婚纱，艾达和埃尔伯特也受邀参加了婚礼，她还请来了在孤儿院时的一些伙伴。婚礼上的诺玛·简美丽动人，她相信，崭新的生活正等待着她。

对诺玛·简来说，婚后的一切都是陌生的。她成了一个妻子，既要打理家务，也要照顾丈夫，还要履行她从不知道的"义务"，这让她有些无所适从。她喜欢装扮自己的家，也喜欢等待丈夫回来，但对性生活感到紧张。她并未做好和一个不爱的人生活的准备。好在，两人的婚姻还算顺利，除了她不时找些小借口逃避和丈夫的亲密行为。

两人一直没有要孩子。1943 年，詹姆斯带着诺玛·简搬到了卡特琳娜岛，他要在这里工作了。诺玛·简喜欢这里，她经常穿着泳衣出现在海滩上，漂亮的外表分外引人关注，很多男性都朝她吹口哨。詹姆斯对此很不满。同时，诺玛·简开始喝酒了，虽然量不多，但仍然引起了詹姆斯的烦躁。1944 年，詹姆斯被派到海外，夫妻俩不得不分开。诺玛·简搬到了詹姆斯的父母家，和他们一起居住。

1944 年 5 月，诺玛·简找到了人生中的第一份工作。有一家位于伯班克的微型飞机制造工厂，她在那里的涂料室工作，每天的任务就是把油漆喷到飞机上。油漆很呛人，也很难清洗，她不得不仔细把自己包裹好，以免沾上油漆。工作算不上轻松，诺玛·简上班常常迟到，她成名后也保持了这个习惯。据曾经和她一同工作的女工说："诺玛·简在工厂很受欢迎，她十分乐意帮助别人，大家都很喜欢她。"

诺玛与多尔蒂的婚纱照。这是她的第一次婚姻

1944 年 10 月，诺玛·简用自己赚的钱进行了一次旅行，她想去看看同母异父的姐姐伯尼斯。那时，伯尼斯已经结婚了，而且有了一个女儿。她也渴望能和妹妹见一面。两人的会面十分温馨，诺玛·简感受到了自己一直渴求的温暖。

一天，诺玛·简像往常一样在上班，一位军队摄影师突然来了，他准备给工人们拍摄一组照片，登在军营报纸上，以鼓舞士气。这位摄影师就是戴维·康诺弗（David Conover）。诺玛·简和其他几个漂亮的女工被叫了出去，戴维拍摄了她们身穿工装的照片后，又单独邀请诺玛·简拍了几张生活照。

诺玛·简表现得很自然，照片效果也很好，于是，戴维把她介绍给了自己的一位摄影师朋友。这位摄影师朋友同意晚上为诺玛·简拍摄，这样就不会耽误她白天正常上班了。诺玛·简喜欢这份新工作，虽然她对摄影不甚了解，但她从小就爱发问，努力了解自己所不知的新事物。凭借认真严谨的态度，诺玛·简的模特生涯开始得很顺利。她深信，幸运之神开始眷顾自己，美好的未来正在等着自己。

然而，这悄然而来的幸运却与婚姻发生了冲突。詹姆斯知道了诺玛·简的新工作，他很生气，寄了一封信给妻子，明确地提出让她"安分些"，并说打算回国后，两人就要个孩子。这件事让夫妻俩闹得很不愉快。最终，诺玛·简搬出了詹姆斯父母的家。

1945 年 12 月，詹姆斯回家了。诺玛·简去车站接他。她很兴奋，满心期待丈夫可以为自己感到骄傲。回到家后，她还把自己的照片给詹姆斯看。可惜，詹姆斯一点儿也不欣赏那些照片，他接受不了妻子的变化。两人之间出现了明显的问题，不同的生活目标让他们很难找到共同话题。詹姆斯没待几天就走了，走之前，他要求诺玛·简"乖乖地当个听话的妻子"。

诺玛·简后来的密友罗伯特·斯莱特（Robert Slatzer）曾说，诺玛·简亲口告诉他，嫁给詹姆斯·多尔蒂后，她曾经试图自杀——"我打开小厨房的煤气。如果那天邮差没有来给詹姆斯送包裹的话，我可能已经死了。他冲进厨房，切断了煤气。我解释说，自己是个年轻的新娘，对厨房不太习惯。

我为什么要自杀？那是因为我不想余生都这么生活。婚姻对女人来说就是个陷阱——婚姻应该被认定为非法行为"。

　　诺玛·简说，是那个邮差让她意识到，自己的婚姻是有很大问题的，但她不应该以结束自己的生命来逃避。她好不容易才找到生活的乐趣，她的梦想之船终于起航了，她不甘心就这样放弃！因此，她不顾丈夫的反对，开始和更多的摄影师合作，渐渐被更多的人认可、接受。她离真正的玛丽莲·梦露越来越近了。

正在工厂工作的诺玛·简

我是玛丽莲·梦露

　　1946年，诺玛·简在模特界已经小有名气，摄影师们无不为照片中的她倾倒。2月份的时候，在代理人埃米琳·斯内维利（Emmeline Snively）小姐的建议下，诺玛·简把自己深褐色的头发染成了金色。这对诺玛·简的未来产生了巨大的影响，她越来越像珍·哈露了。后来参加试镜时，据说正是因为酷似珍·哈露，诺玛·简才得到签约机会。

　　诺玛·简从此明确了自己的定位，至少在模特方面如此。她身边的合作者和朋友都认为，她的才能远不止做模特，她可以走得更远，比如说，成为电影明星。诺玛·简一想到自己能够出现在大银幕上就兴奋不已，这是她从小的梦想，但她也很担心，自己从未演过戏，真的可以做演员吗？

　　当时，诺玛·简和安娜阿姨住在一起。格拉迪斯在精神病院待了好几年，出院后，她先是和自己的姨母一同生活，之后又被接到了安娜阿姨家。在这个问题上，格拉迪斯恐怕给不了诺玛·简任何意见，她能把自己照顾好就已经很不错了。作为诺玛·简最信赖的人，安娜阿姨则一如既往地支持她，并告诉她，只要想做，没有什么是做不成的。斯内维利小姐更加直接，她早就想过让诺玛·简从影，并且开始为诺玛·简寻找机会。

　　4月，詹姆斯休假回国，发现妻子不但继续在做模特，而且和格拉迪斯住到了一起，这令他十分诧异。虽然他理解诺玛·简对母亲的感情，但在他眼里，格拉迪斯就是一个疯子！见诺玛·简不愿意放弃模特事业，詹姆斯下了最后通牒——事业和婚姻，只能选择一个。随后，他便返回了工作岗位。

　　5月底，正在上班的詹姆斯收到了妻子的信，确切地说，是妻子的律师写来的信。在信中，律师通知詹姆斯，诺玛·简已经在拉斯维加斯提出了离婚申请。这是格蕾丝的主意，她得知诺玛·简想要离婚，就建议诺玛·简去拉斯维加斯提交离婚申请，因为那儿是美国办理离婚手续最有效率的地方。

詹姆斯很气愤，他认为诺玛·简一直都在利用自己，如今他没有利用价值了，诺玛·简就要把他一脚踢开。他立刻把寄给妻子的津贴停掉了，并想方设法拖延离婚时间。他才不会这么简单就结束这一切！他在乎诺玛·简，这是当然的，但更重要的是，诺玛·简伤害到了他的自尊，这令他忍无可忍。他一直都觉得诺玛·简会和刚结婚时一样，做个听话的、傻头傻脑的小妻子，而现在，一切都已脱离了他的掌控。他曾认为颇有威慑力的离婚威胁没有起任何作用，反而帮助诺玛·简下了决心。

5月26日，诺玛·简第一次出现在著名女性生活杂志《家庭圈》的封面上，她那金发红唇的性感照片立刻吸引了大批男性杂志的青睐，它们纷纷邀请她为自己的杂志拍摄封面。6月，詹姆斯返回美国。看到妻子拍摄的封面，他怒火中烧，同时也意识到，两人的关系已无缓和的可能，离婚只是时间问题。

诺玛·简成名后，身为前夫的詹姆斯曾多次接受采访，当被问及两人离婚的原因时，他坚称离婚不是因为感情破裂，而是因为诺玛·简想要签约电影公司，为此两人不得不离婚，据说那家公司就是电影界的老大米高梅。

当然，这不可能是真的。诺玛·简签约的第一家电影公司并不是米高梅，而是20世纪福克斯电影公司。这多亏了斯内维利小姐，是她向20世纪福克斯电影公司的经纪人本·莱昂（Ben Lyon）推荐了诺玛·简。1946年7月17日，诺玛·简第一次来到20世纪福克斯电影公司，并见到了本·莱昂。这次见面让诺玛·简激动不已。本·莱昂曾经是名演员，他和珍·哈露合作出演了电影《地狱天使》。于是，诺玛·简和珍·哈露再次被联系在了一起。在两天后的试镜中，摄影师利昂·沙姆洛伊（Leon Shamroy）在镜头前看到了第二个珍·哈露。试镜很成功，诺玛·简不仅性感，而且有一种神秘的气质。

20世纪福克斯电影公司的老板达里尔·扎努克（Darryl Zanuck）拍板签

下了诺玛·简，合同为期六个月，周薪是 75 美金；如果诺玛·简表现好，六个月后可以续约。虽然工资不多，但诺玛·简不在乎，因为她离梦想又近了一步。

与此同时，本·莱昂给诺玛·简取了一个新名字——玛丽莲·梦露。原因很简单，一个好听的名字更容易被观众记住。"玛丽莲"取自女演员玛丽莲·米勒（Marilyn Miller），而"梦露"则是诺玛·简母亲的姓氏。这一年，她 20 岁。

签约当天，格蕾丝也来到了现场。或许格蕾丝自己也没有想到，她的一个小小的举动，为好莱坞增添了一道亮丽的风景。签约后的玛丽莲·梦露参加了电影公司的培训，她有很多课要上，例如表演课、唱歌课、舞蹈课等等。生活为她打开了一扇新的大门，但需要她自己探索前方的道路。

1946 年 9 月 13 日，玛丽莲·梦露和詹姆斯正式离婚。离婚听证会进行了不到 10 分钟，玛丽莲·梦露就得到了渴盼已久的自由。她兴奋地邀请母亲格拉迪斯、姐姐伯尼斯、安娜阿姨、格蕾丝等人一起庆祝。她们在海鲜餐馆吃饭，玛丽莲·梦露还为所有人唱歌。欢乐的气氛似乎感染了格拉迪斯，终年面无表情的她竟然笑了，这对玛丽莲来说是莫大的安慰。几天后，格拉迪斯清醒地向玛丽莲告别，说自己要回姨母家。玛丽莲不舍得和母亲分开，但她无法改变固执的格拉迪斯。然而事实上，格拉迪斯并没有去姨母家，没人知道她去了哪里。

模特时期的诺玛 · 简

于我而言，好莱坞就像一个虚幻的世
界。在这里，没有什么是真实的。每
个人都生活在幻想当中。我想这就是
为什么人们称它为浮华城。

Part02

爱恨浮华城

好莱坞的游戏规则

1947 年 2 月，玛丽莲·梦露和 20 世纪福克斯电影公司续签了六个月的合同，周薪提高到了 150 美金。不过到此时为止，玛丽莲还没有出演过任何影片。她的第一部电影叫《斯库达，嚯！斯库达，嗨！》（*Scudda Hoo! Scudda Hay!*），这是一部二流影片，玛丽莲在其中饰演了一个轰动教堂的女孩，可惜只有一句台词。随后她又陆续跑了很多龙套。1947 年 8 月，20 世纪福克斯电影公司不再和她续约，玛丽莲失去了工作。这对她打击很大，一切仿佛退回了原点，甚至还不如原来。

1948 年 2 月，玛丽莲参加了一个聚会，在那里，她遇到了 20 世纪福克斯电影公司的总裁约瑟夫·申克（Joseph Schenck）。玛丽莲注意到，那些漂亮的模特和想要获得角色的小演员都拼命讨好好莱坞的大腕们。她意识到，好莱坞的游戏规则已经赤裸裸地展现在她面前。现实就是如此残酷，要么不择手段地获取成功，要么固执地默默无闻下去。玛丽莲决定选择前者。晚会上，她把申克迷得神魂颠倒，两人当晚就共度良宵。虽然后来有些人说玛丽莲是真的爱上了申克，但一开始绝非如此。

在申克的帮助下，玛丽莲参加了哥伦比亚影业公司的试镜。哈里·考恩（Harry Cohn）最终签下了玛丽莲，合同为期六个月，周薪为 125 美金。考恩回忆道："发现玛丽莲不愿和我在一起后，我简直要气疯了。"不过，考恩并没有为难玛丽莲，还给她安排了一位表演教练——娜塔莎·里特斯（Natasha Lytess）。

1948 年 3 月 10 日，娜塔莎见到了玛丽莲。娜塔莎在她的自传里这样描述那一天：

玛丽莲·梦露兴奋地冲进我的办公室，她穿着红色毛料紧身连衣裙，非常性感。很明显，她没有穿内衣。她的鼻子上有一个肿块，我想她需要去做个整形手术。她的声音就像小刀划过餐盘。她的头发染成了浅金色。从她嘴角的细微动作可以看出，她爱耍小性子。还有她的身材……总之，她是一个拘谨且浅薄的女孩子，而且打扮十分庸俗。

玛丽莲·梦露看到的则是一位典型的斯拉夫女性。娜塔莎体形修长，一头浓密的灰色长发，十分有礼貌。只是她的脸色有些苍白，好像刚刚被人从坟墓里挖出来。她黑色的眼睛仿佛具有魔力一般，仿佛能看穿玛丽莲。娜塔莎看过玛丽莲在哥伦比亚影业公司试镜的录像带。玛丽莲开始上娜塔莎的部分公共课。同时，娜塔莎还单独给玛丽莲上一些表演课。

在哥伦比亚影业公司内部，大家都认为玛丽莲和娜塔莎是个奇怪的组合，不过为了工作，两人还是得继续合作。娜塔莎教玛丽莲如何说台词，不过也让她养成了一些不好的习惯，比如真正说话之前先动嘴唇。渐渐地，娜塔莎帮助玛丽莲树立了自信。"第一次见到她时，她非常自卑。"娜塔莎告诉玛丽莲："你可以自称为玛丽莲·梦露，但若是没有我的帮助，你永远都是诺玛·简，而不可能成为真正的玛丽莲·梦露。"

从一开始，玛丽莲就意识到，娜塔莎对她有特殊的感情。玛丽莲告诉雪莉·温特斯（Shelley Winters）："她已经爱上我了，我真的不想顺从她，但又不得不如此。"玛丽莲·梦露也承认，对她来说，娜塔莎·里特斯是一位不错的老师，"但非常嫉妒每一个跟我交往的男人，因为她认为她是我的丈夫"。娜塔莎也在自传中写道，在训练三个星期后，她告诉玛丽莲："我想跟你在一起。"

玛丽莲向好友斯莱特吐露："我告诉她，她可以得到她想要的，但我不会做任何回应。我很感激她的指导，但不能接受她的爱。她同意了。在我决定做一名演员时，我就知道自己不得不委身于许多人，比如约瑟夫·申克，但我没想到还包括女人。"

娜塔莎和玛丽莲也发生过不少冲突。玛丽莲偶尔会疏远娜塔莎，但并没有抛弃她。两人的交情持续了六年，玛丽莲甚至还在娜塔莎的公寓住过一段时间。不管怎样，她都会按时去上娜塔莎的表演课。

几个月后，娜塔莎接受了现实，她明白玛丽莲和自己并非亲密无间。"我是个老女人，苦苦抓着玛丽莲不愿放手。玛丽莲知道我非常在乎她，因此在利用我对她的感情……尽管她总是表现得无辜而脆弱，但实际上，她并非那么单纯。她很会操控别人。为了达到目的，她什么都做得出来。"

1948 年 3 月 14 日，玛丽莲最爱的安娜阿姨去世了，享年 68 岁。玛丽莲非常痛苦，也倍感孤独。好在，在影片《热女郎》（Ladies of the Chorus）中，玛丽莲终于第一次出演了女主角。这是一部歌舞片，玛丽莲在里面表现出色，但影片对她的事业没有任何帮助。与哥伦比亚影业公司合约期满后，玛丽莲再次失去了工作。她不得不以拍摄商业广告为生，但依旧不肯放弃演艺事业。

1948 年年末，玛丽莲参加了一个私人聚会。在那里，她遇到了约翰尼·海德（Johnny Hyde）——威廉·莫利斯事务所的合伙人。他身高只有一米六，被戏称为"矮小丑"。虽然外表不怎么样，但他是好莱坞的天才经纪人，包括拉娜·特纳（Lana Turner）在内的众多女演员都靠他获得了事业上的成功。海德出生于俄国，比玛丽莲大 31 岁，已经结婚了。当然，他对婚姻从未忠诚过。他的出现改变了玛丽莲的命运。

第一次见面时，海德就对玛丽莲发起了攻势。对玛丽莲来说，海德不仅仅是能帮助她的人，还是相信她能成功的权威人士。海德向玛丽莲保证，一定会让她成为大明星。当然，玛丽莲需要付出一点儿代价，比如，做他的情人。

1949 年 1 月，玛丽莲和海德确立了关系。随后，海德成了玛丽莲的经纪人，并安排她出演了电影《快乐爱情》（Love Happy）。这是一部喜剧片，玛丽莲在其中饰演了一个小角色，并不出彩，但在海德的安排下，玛丽莲参与了影片在各大城市的宣传。她的出现引起了媒体和观众的注意。一时间，美

玛丽莲和约翰尼 · 海德。这是
改变她人生的第一个约翰尼

丽动人的玛丽莲成了焦点。海德是真心想把玛丽莲打造成大明星。他还亲自担任玛丽莲的表演教练。在他的要求下，玛丽莲读了很多能够提高演员素质的书，这对她的未来确实大有好处。此外，海德也是玛丽莲生活中最重要的人。他为她提供金钱，让她吃好的、穿好的。不论什么问题，玛丽莲都可以向他寻求帮助。对玛丽莲来说，海德无异于一个父亲，她也确实在私底下叫他"爸爸"。

海德对这段感情越来越投入，他离开妻子，重新找了个住处，玛丽莲搬过去和他一起住。然而，当他想跟玛丽莲结婚的时候，玛丽莲却一再拒绝。玛丽莲在很多场合都解释说："我爱海德，但是我不能和他结婚。"

1949 年 5 月，玛丽莲搬出了和海德同居的房子，一个人回到海德以前帮她租的公寓里住。玛丽莲决定依靠自己得到工作机会。她收到了一份邀请，一个日历生产商希望她能拍摄一组照片，只是这组照片有些特殊，需要玛丽莲全裸出镜。在当时，对一般人来说，这几乎是无法想象的，但玛丽莲却答应了下来。不过，她很明白，这并不是一件光彩的事，因此，她不愿在照片上签自己的名字，而是写了"莫娜·梦露"。

这件事后来被揭发了，那时是 1952 年，玛丽莲已经在电影圈小有名气，裸照事件让她备受指责。为了挽救自己的公众形象，玛丽莲不得不称自己是在走投无路的情况下才那么做的。她极力放大悲惨的童年生活，此举很有效，人们接受了一个可怜女孩的辩解。这次事件可谓有惊无险，玛丽莲还借此加深了在公众心中的印象，"金发""性感"成了她的标签。

随后，约翰尼·海德把她引荐给了约翰·休斯顿（John Huston）。当时休斯顿正为米高梅电影公司拍摄电影《夜阑人未静》（The Asphalt Jungle）。休斯顿安排玛丽莲参加了试镜，米高梅的头儿路易斯·梅耶（Louis Mayer）对她的表现很满意，同意玛丽莲出演该片。

能够出演知名导演的作品，玛丽莲感到非常紧张。然而，情绪的巨大波动，似乎使得梦露家的遗传精神疾病开始显现。第一个发现的人是娜塔莎，她当时在帮玛丽莲彩排剧本中的情节。玛丽莲总是说听到有人在说话，但屋

（上图）初入好莱坞的梦露　　（下图）《夜阑人未静》剧照

（上图）《火球》剧照　　（下图）《彗星美人》剧照

子里除了她们俩，并没有第三人。娜塔莎有些担心，她找到海德，想和他商量一下玛丽莲的情况。海德作为好莱坞的资深人士，自然有办法解决这个问题。他采取了众多好莱坞明星喜欢的方法——让玛丽莲使用镇静剂。这一招确实有效，玛丽莲不再焦虑了，情绪稳定了下来，但这也成为玛丽莲依赖药物的开端。

《夜阑人未静》是一部黑白片，主要讲述了几个珠宝盗贼的悲剧命运。影片的演员阵容包括斯特林·海登（Sterling Hayden）、简·哈根（Jean Hagen）等。玛丽莲在片中扮演了一个单纯而性感的情妇角色，顶着一头金发出镜。影片相当成功，除了在第23届奥斯卡金像奖上获得了四项提名，还获得了金球奖等多个奖项的提名。

但是，玛丽莲并没有一炮而红，毕竟她戏份不多。不过，这部影片还是让不少人记住了她。之后的那段时间，玛丽莲相继出演了几部电影，包括米基·鲁尼（Mickey Rooney）主演的《火球》（*The Fireball*）和琼·阿利森（June Allyson）主演的《铁臂金刚》（*Right Cross*）。玛丽莲在这两部电影中饰演的都是小角色，她一直在等待成名的机会。

约翰尼·海德一如既往地陪在她身边，虽然两人还是无法在结婚问题上达成一致，但海德是真心希望玛丽莲成名成角。1950年4月，海德把玛丽莲介绍给了导演约瑟夫·曼凯维奇（Joseph Mankiewicz）。曼凯维奇当时正在为20世纪福克斯电影公司筹拍《彗星美人》（*All About Eve*）。玛丽莲得到了演出的机会，虽然只是一个配角。

这部影片由贝蒂·戴维斯（Bette Davis）和安妮·巴克斯特（Anne Baxter）主演，讲述了一个心机很深的女人不择手段登上名利巅峰的故事。玛丽莲在影片中出场不多，但表现出色。《彗星美人》非常受欢迎，得到了多个大奖的青睐。在第23届奥斯卡金像奖上获得了十四项提名，并最终拿到了六个奖项。因为出演了两部获得奥斯卡提名的影片，1951年3月29日，奥斯卡颁奖典礼当天，玛丽莲·梦露也出现在了颁奖仪式上，这是她第一次在奥斯

卡亮相。

海德的身体越来越差了，他不得不长时间休养，但他并没有忘记帮助心爱的玛丽莲实现愿望。在他的帮助下，玛丽莲又一次参加了20世纪福克斯电影公司的试镜，也又一次成为福克斯电影公司的演员。虽然很多人都认为，玛丽莲应该和海德结婚，哪怕是为了报恩，但玛丽莲固执地拒绝了。她不愿接受没有爱情的婚姻。她说她很感激海德，却不够爱他。或许在未来的某一天，她会改变主意。但海德已经等不及了，他因心脏病突发被送进了医院，并于1950年12月18日去世。玛丽莲甚至没来得及见他最后一面。在海德侄子的陪伴下，玛丽莲见到了海德的遗体，她痛苦地对他表白："我爱你。"只可惜，一切都太晚了。

海德的葬礼由他的前妻主持。之前为了和玛丽莲结婚，海德离婚了。因此，海德的前妻非常讨厌玛丽莲，她拒绝玛丽莲参加海德的葬礼。玛丽莲只能在葬礼之后独自来到海德的墓前，静静地怀念这个男人。海德去世后，玛丽莲失去了"保护伞"，整个人都崩溃了，甚至试图自杀。据娜塔莎说："是我救了她的性命。没有我就没有镜头前风情万种的玛丽莲。"在娜塔莎的陪伴下，玛丽莲度过了人生中最痛苦的一段时间。

之后，玛丽莲相继出演了一些影片，如《爱巢》（*Love Nest*）、《豆蔻年华》（*As Young as You Feel*）等，只可惜，她仍未被福克斯公司重用。不过，在电影《无需敲门》（*Don't Bother to Knock*）中，玛丽莲饰演的虽然不是片中的主角，但她的表现非常亮眼，演技也备受认可。随后她又出演了《妙药春情》（*Monkey Business*）、《未婚伉俪》（*We're Not Married!*）等影片。后来，她在回顾这段经历时说："演员不得不靠出演很多很多的烂电影才能出名。"

世上最性感的情侣

就在玛丽莲"出演很多很多烂电影"期间，这个世上最性感的女人和世上最性感的男人——马龙·白兰度（Marlon Brando）重逢了。只有一小部分人较清楚地了解这两位大明星之间的复杂关系，包括导演伊利亚·卡赞（Elia Kazan）、导演弗雷德·金尼曼（Fred Zinnemann）、玛丽莲的密友珍妮·卡门（Jeanne Carmen），以及白兰度最好的哥们儿卡洛·菲奥里（Carlo Fiore）。

白兰度告诉菲奥里，他第一次见到玛丽莲是在 1946 年，那是在纽约第八大道的一家酒吧里。据菲奥里所说，白兰度按照当时的市价给了玛丽莲 15 美金，把她带回自己租的房间里，两人整夜都在一起。第二天一早，他还在睡梦中，玛丽莲就离开了。此后白兰度再也没见过玛丽莲。

丽娜·佩皮通（Lena Pepitone）自 1957 年起就一直担任玛丽莲的女佣，直到 1962 年玛丽莲去世。她说，玛丽莲承认自己在酒吧里勾引男人，"为了赚点儿零花钱，但主要还是为了吃顿好的。我喜欢美食。女孩需要靠享用美食来保持美丽的容貌"。这从侧面印证了白兰度的话。

在洛杉矶的一所公寓前，白兰度第二次遇到了玛丽莲·梦露。那是在 1950 年，白兰度在拍摄电影《男儿本色》（The Men）。两人重逢的细节很模糊，不过根据金尼曼和菲奥里的回忆，两人之间发生了什么还是可以拼凑出来的。尽管这两人的说法略有不同，但和白兰度的描述大同小异。他对金尼曼说："我不认为玛丽莲是影坛新星，因为在我看来，她更多的时间都是在睡觉。"

据说，那天晚上，白兰度在等金发女星芭芭拉·佩顿（Barbara Payton）。突然，一个漂亮女人从公寓楼里冲出来，身材极好。她似乎在寻找一个在远处停车的男人。很显然，她错把白兰度当成她的约会对象了。她盯着车里看，上气不接下气地喘息着。

"你不是萨米，"她退后一步，看着他说，"但你看起来很眼熟。你是马龙·白兰度！"

"那么你是谁？"他问道，"我认识你吗？"

"我头发染了新颜色你就不认得我啦？"玛丽莲说，"我是诺玛·简。现在人们叫我玛丽莲·梦露。你不记得当时我们在纽约，你带我回你住所的事了吗？"

"这样的事情太多了，"白兰度回答，"上车吧。也许你能说点儿什么，好让我回忆起来你说的那件事。"

玛丽莲笑着从车的后面绕了一圈，坐在了副驾驶座上。"反正我今晚也不想和萨米在一起了，他那么胖，又是秃顶。"白兰度启动车的时候，玛丽莲将手绕上了他的脖子，"你长得很帅，但和之前的那种俊美不一样了。你鼻子怎么了？"

"鼻骨骨折了，之后位置就不太正。"他回答。

"在我看来反而更有特点了，我不喜欢太帅的男人。"

"多谢你的夸奖。"

"我的意思是，你现在是个英俊的男人了。我们几年前见面的时候，你还只是个俊俏的男孩。我不和俊俏的男孩上床。当然，以现在的状态来看，我要想成功就不得不和几乎所有男人上床了。"她性感地望着他，把他抱得更紧了。

"很抱歉，我仍旧想不起来你是谁。如果你去我的住所，也许我们可以再做一次你所说的在纽约做过的事。我保证那样我就会回忆起来了。"

"听起来还不错。我希望你不是因为我对你来说已经太老而假装忘了我。我是说，我们上一次见面的时候我还很年轻，还是个少女。这里的男人只喜欢少女，不喜欢像我一样的老女人。"

"你一点儿也不老，"白兰度说，"事实上，你外表非常性感，你的魅力是永恒的。"

"你完全是在奉承我，你自己也清楚那不是真话。"

"我想和你在一起吗？"他问道，"来试试吧。去我住的地方。如果我依旧想要和你一起度过这个夜晚，那就说明我还是喜欢你的。这样公平吧？"

第二天早上，玛丽莲吃完早餐才离开。她告诉白兰度，自己的梦想是成为电影明星。她知道有很多人来到好莱坞，梦想着成为电影明星，但她认为自己比那些人"更进一步"，因为她比他们更加渴望实现这个梦想。而且，出人意料的是，两人的感情逐渐升温了，一直持续到 1962 年玛丽莲·梦露逝世。

金尼曼在各种晚宴上多次重复这个故事，于是，年轻的白兰度早在 1946 年便与年轻的玛丽莲相遇，以及两人后来重逢的事，一时间成了好莱坞茶余饭后的谈资。不过，白兰度似乎从未"正式地、有明确记载地"谈论过自己和玛丽莲的感情。每次谈到玛丽莲，他都表达出至高的敬意："玛丽莲是一个敏感的、被大众误解了的人，她比人们想象的更加感性。她曾被深深地伤害过，但她情商非常高——对于别人的感觉有着非常敏锐的直觉。"

"白兰度经历了玛丽莲人生的巅峰时期，"卡洛·菲奥里后来说，"她的裸体日历绯闻，她与电影女皇琼·克劳馥（Joan Crawford）及芭芭拉·斯坦威克（Barbara Stanwyck）的亲密关系，她与肯尼迪兄弟的丑闻——你能想到的，他都见证过。他帮她保守秘密，经常给她一些很好的建议。但是，她似乎从未听过白兰度的话。尽管如此，她还是会给白兰度打电话寻求建议。"

玛丽莲对白兰度也有过一些公开的评价，只要有人问起，她都会说："白兰度很亲切、很温柔，完全不是《欲望号街车》（A Streetcar Named Desire）中的斯坦利那样。"1955 年，在一次义演活动中，记者围着玛丽莲叫嚷，是白兰度保护了她。一个记者问："梦露小姐，你是非常认真地对白兰度先生有好感吗？"她回答："我没有认真，但我一直都对他有好感。"

白兰度在经历了福克斯公司内部的一场明争暗斗之后，签约出演了《萨巴达万岁》（Viva Zapata!）。电影于 1952 年上映，导演是伊利亚·卡赞，

简·皮特斯（Jane Peters）和安东尼·奎恩（Anthony Quinn）等也都参与了演出。影片由约翰·斯坦贝克（John Steinbeck）担任编剧，讲述了一个墨西哥农民带领人们奋起革命的故事。

玛丽莲也出现在了片场。起初白兰度以为她是来看自己的，后来才发现她的目标是卡赞——她希望出演卡赞新片的女主角，尽管她并不知道新片的内容。刚到片场的前三个晚上，玛丽莲拒绝和白兰度亲热。但第四天凌晨 3 点，白兰度听到了一阵急促的敲门声。白兰度开了门，发现玛丽莲披着一件白色浴袍站在门口。原来，卡赞的妻子突然带着孩子过来了。卡赞让玛丽莲在他家人在的时候，先假扮成白兰度的女朋友。白兰度同意了。

玛丽莲在《萨巴达万岁》剧组的一个星期里，白兰度对她有了进一步的了解。她告诉白兰度，卡赞把她介绍给了他的老朋友——剧作家阿瑟·米勒（Arthur Miller）。"卡赞说他并不认为我是当明星的料，但米勒却十分肯定我作为演员的天赋和大好未来，他甚至说我可能成为当代的莎拉·贝恩哈特^①（Sarah Bernhardt），但为了实现这一目标，我必须抛弃这头愚蠢的金发。"

剧组里的每个男人都被玛丽莲迷住了，除了安东尼·奎恩，他把玛丽莲称作"头脑空空、金发肥臀的女人"。即使在玛丽莲成功出演了《绅士喜爱金发女郎》（*Gentlemen Prefer Blondes*）后，他仍旧评价说："我不明白人们有什么好小题大做的。我只知道她穿着一条紧得可以看到屁股中间那条缝的裙子，在我们尘土飞扬的得克萨斯拍摄地走来走去，好像她那一头金毛之下有什么值得期待的东西似的。"

一个炎热的下午，白兰度一脸严肃地找到卡赞，问他对玛丽莲有什么打算。卡赞告诉白兰度，自己从未打算和玛丽莲结婚。玛丽莲做女朋友可以，做情人也很合适，但做妻子不行。"我知道玛丽莲现在很想结婚。就我们说话这会子，她也在试图说服阿瑟·米勒离婚，然后跟她结婚。这个女人太任性了。如果哪个蠢男人娶了她，就只能坐在家琢磨她今晚又出去跟谁约会。对

---

① 莎拉·贝恩哈特：法国女演员，被公认为 19 世纪末最杰出的演员。

马龙 · 白兰度和玛丽莲的关
系一直很亲密。玛丽莲经常
给白兰度打电话寻求帮助

玛丽莲来说，只要能结婚，女人也行。约瑟夫·申克、琼·克劳馥、达里尔·扎努克，甚至是同性恋者洛克·哈德森（Rock Hudson），这些人都有可能。"

在得克萨斯的第五个夜晚，玛丽莲告诉白兰度自己怀孕了。这种情况对她来说并不少见，因为她"喜欢最自然的接触，不做安全措施"。"我之前已经流产过几次了，具体几次我也记不清了。"白兰度问她孩子的父亲是谁，然而，玛丽莲自己也不知道。

大概一年后，卡赞告诉田纳西·威廉斯（Tennessee Williams）和弗兰克·梅罗（Frank Merlo），拍摄《萨巴达万岁》期间曾发生过一件非常离谱，也非常令人无法置信的事——白兰度和玛丽莲偷偷溜出了片场，并在得克萨斯周边的一个小镇上结婚了！卡赞说，某个周末，两个人用编造出来的名字取得了许可文件，"后来，玛丽莲私下跟我在一起时，总是自称为白兰度夫人，说她已经结婚了"。没有资料证明白兰度和玛丽莲真的结婚了，但也应该不是空穴来风。卡赞说："那个年代，在一个得克萨斯的小镇，几天时间花 100 美金，这是非常多的。白兰度和玛丽莲都是那种很疯狂、头脑不大清醒的孩子性格，他们很可能抱着玩笑的态度举办了婚礼。白兰度是个很爱开玩笑的人，我能想象到，他做得出这种事；玛丽莲又很莽撞，她也肯定干得出来。"

玛丽莲回到洛杉矶后，第二个星期就给"丈夫"白兰度打了紧急电话，告诉他不会有"小马龙"出生了，她流产了。玛丽莲有些失落，如果这个孩子能生下来，马龙·白兰度会是孩子的爸爸，她会是孩子的妈妈，孩子会有多漂亮啊！白兰度安慰她："如果未来的某一天，你想有个白兰度的孩子，我愿意随时效劳。"

绅士喜爱金发女郎

1952 年春天，为了给刚刚有点儿名气的新星迪马吉奥提高人气，经纪人罗伊·克拉夫特（Roy Craft）试图制造花边新闻撮合迪马吉奥与玛丽莲。

乔·迪马吉奥全名约瑟夫·保罗·迪马吉奥（Joseph Paul DiMaggio）。他于 1914 年出生于加利福尼亚州的马丁内兹，在家中九个孩子中排行第八。他的父亲是渔民，一直希望儿子们能继承自己的衣钵。然而，迪马吉奥自小就对棒球感兴趣，长大后也成了一名杰出的棒球运动员。在 1941 年 5 月 15 日至 7 月 16 日期间，他在连续五十六场棒球比赛中打出了五十六次全垒打的惊人战绩。即使在某次比赛中他自己的球棒被人偷走了，不得不使用借来的球棒，也丝毫没有影响他的发挥。他的表现帮助纽约洋基队赢得了当年世界职业棒球大赛，"迪马吉奥传奇"由此诞生。

尽管备受瞩目，他却称自己是"有史以来最孤独的英雄"。迪马吉奥 13 年的棒球生涯都是为纽约洋基队效劳。1939 年，迪马吉奥娶了纽约夜总会歌手多萝西·阿诺德（Dorothy Arnold），婚后育有一个儿子。两人的婚姻仅维持了四年，多萝西便以精神虐待为由与丈夫离了婚。迪马吉奥从不愿谈论前妻，当然，他也不愿谈论自己以往的其他情史。

玛丽莲最初不愿和迪马吉奥见面，她担心自己见到一个穿着大夹克、系着粉色领带、对体育大谈特谈的无聊的家伙。然而，真正见面时她发现，这个大她 13 岁的男人与她想象中的完全不同。他的头发略微泛白，穿着有品位的木炭灰色的细条纹西装，系着保守款式的领带，整个人看起来文质彬彬、优雅别致。米奇·曼托（Mickey Mantle）曾说："竞技场外，迪马吉奥的衣着打扮和动作行为都像极了一个高贵的参议员。"

　　据说，玛丽莲第一次和迪马吉奥约会时并不知道他是谁。"当然，我听说过他的名字，"玛丽莲告诉好莱坞专栏作家赫达·霍珀（Hedda Hopper），"谁会没听过？我没看过棒球比赛，但我在孤儿院打过垒球。"

　　媒体得到了玛丽莲与迪马吉奥约会的风声。一家好莱坞报纸刊登了题为《乔出局了》的报道，认为玛丽莲看不上迪马吉奥。事实却刚好相反，玛丽莲告诉作家本·赫克特（Ben Hecht），她对迪马吉奥很感兴趣。她还曾告诉贝蒂·戴维斯："我喜欢尊贵而成功的老男人。"多年以后，戴维斯嘲讽地说："据我所知，迪马吉奥喜欢年轻、性感的金发女郎，所以他们应该是'天作之合'吧。"

　　玛丽莲和迪马吉奥的恋情给美国的花边小报提供了大量素材。一名记者问道："如果美国先生和美国小姐结婚了，然后又分手了，孩子由谁来监护？"作家罗杰·卡恩（Roger Kahn）写道："一千万女店员和男学生都在期待迪马吉奥和玛丽莲能结婚。"

　　玛丽莲与迪马吉奥拍第一张合照是在《妙药春情》的拍摄现场，两人与加里·格兰特（Cary Grant）一起拍的。赫达·霍珀私下里开玩笑说："这应该是玛丽莲和加里之间的竞赛，看谁能赢得迪马吉奥。"这位专栏作家是指加里有同性恋倾向，这在好莱坞尽人皆知。但为了保住加里的形象，报纸上带照片的新闻都把加里的脸剪掉了。1952年6月1日，就在玛丽莲26岁生日那天，她获得了参演电影《绅士喜爱金发女郎》的机会。这似乎是专为玛丽莲和迪马吉奥准备的。

　　然而没多久，玛丽莲犯了严重的胃痛。工作室叫来救护车，红色的警笛不停闪烁，向着位于洛杉矶的锡达斯黎巴嫩医院疾驰而去。玛丽莲得了急性阑尾炎，必须进行手术。打麻药前，玛丽莲给医生写了张字条，粘在自己肚子上。

手术前请务必阅读

尊敬的医生：

请尽可能少切掉一点儿。我知道这听起来像废话，但那不重要。我是一个女人，事实上这一点对我来说至关重要。请尽可能保留下可保留的地方。我怎么求您都不为过，我的一切都掌握在您的手里了。您也有孩子，您一定知道这意味着什么，所以求求您，我相信您一定可以做到的！谢谢您，谢谢您！看在上帝的分儿上，拜托您了！不要动卵巢。再次请求您，尽最大可能避免伤口过大。真心感谢您！

玛丽莲·梦露

手术过后玛丽莲恢复得很快，而乔·迪马吉奥则远在东海岸。因此，玛丽莲开始走自己的老路——和其他男人约会。玛丽莲的家里或更衣室里总有男人进进出出，有时是新人，但多数还是以前她相中的那几个，例如迪恩·马丁（Dean Martin）、罗伯特·米彻姆（Robert Mitchum），以及电影导演尼古拉斯·雷（Nicholas Ray）等。而在纽约，据一位宾馆经理说，迪马吉奥的套房也是人来人往，每天都有年轻漂亮的姑娘过来。

1952年8月31日，玛丽莲第一次参加电台的直播节目，这令她既紧张又兴奋。之后，她又参加了"美国小姐"模特秀。随着人气的上升，玛丽莲的私生活越来越受关注。这段时间，她背着正牌男友迪马吉奥，和一个年轻的演员玩起了暧昧。这个人就是尼科·米那多斯（Nico Minardos），一个肤色较深、长相英俊的雅典男演员。他就读于加州大学洛杉矶分校，曾在《妙药春情》剧组工作。尼科后来说："我和玛丽莲的关系早在她见到迪马吉奥之前就开始了，他俩婚姻期间，以及离婚后的几个星期，我们也一直在一起。"据说，为了得到好角色，玛丽莲还与福克斯大佬斯派罗斯·斯库拉斯（Spyros Skouras）混在一起。不过，这不是什么大事。直到1952年9月，《机密》杂志刊登了一篇采访罗伯特·斯莱特的文章，并借题发挥，披露了斯莱特和玛

（上图）从左至右迪马吉奥、玛丽莲和加里·格兰特。迪马吉奥和玛丽莲的恋情尽人皆知，但双方却都背着对方和别人交往

（下图）玛丽莲和罗伯特·斯莱特。在和迪马吉奥热恋的同时，玛丽莲还和斯莱特保持联系，对他倾诉感情问题

丽莲的情事，迪马吉奥和玛丽莲之间才掀起大浪。

　　玛丽莲和斯莱特是在 1946 年的夏天认识的。当时，斯莱特 19 岁，他到好莱坞过暑假，希望可以写一篇有关好莱坞和好莱坞明星的文章。他在 20 世纪福克斯电影公司的接待室里等了一个小时，正巧玛丽莲·梦露来送个人资料。两人一起吃了午餐。之后，斯莱特向一个朋友借了一辆车，载着玛丽莲去了马里布。两人在海滩上散步，在海里游泳。但是，玛丽莲明确地告诉斯莱特，自己不想和他确立恋爱关系。"我喜欢跟不同的男人交往，不过我还是会尽可能满足你的。"在未来的许多年里，她的确兑现了自己的承诺。

　　随后的几个月里，两人对彼此有了更深入的了解。斯莱特主要打零工，通常是做服务员，也有人看到他帮忙卸载香蕉。"只要我手头有钱，我都会为她的表演课付钱。"斯莱特说。慢慢地，斯莱特成了玛丽莲最好的朋友。后来，成名后的玛丽莲喜欢跟他聊自己的男友，包括伊丽莎白·泰勒（Elizabeth Taylor）的第一任丈夫尼基·希尔顿（Nicky Hilton）和专栏作家詹姆斯·培根（James Bacon）。消息灵通的斯莱特对玛丽莲的风流韵事并不意外。"玛丽莲每晚都有不同的男人，因此我们只是偶尔见面。她喜欢跟我聊天，而且经常是很私密的话题。她说自己攒钱做了个输卵管结扎手术，不过后来她又做了恢复手术。"根据斯莱特回忆，玛丽莲说，她那么做是因为生孩子会毁掉自己的事业。而且，她讨厌那些道貌岸然的刽子手——那些让她打胎的人。

　　听到玛丽莲和斯莱特的绯闻后，专栏作家多萝西·基尔加伦（Dorothy Kilgallen）在 1952 年 8 月 16 日写道："在追求玛丽莲的比赛中，斯莱特就是一匹黑马。他先前是哥伦布市的文学评论家，用电话和邮件向她发起热烈追求，还送她世界名著，帮助她陶冶情操。"当月，基尔加伦向斯莱特约稿，想让他写一篇关于玛丽莲的文章。斯莱特答应了。文章发表于 1952 年 9 月 12 日。

　　之后，更加荒唐的绯闻传了出来——玛丽莲和斯莱特结婚了！就在 1952 年 10 月 3 日到 6 日的那几天里，两人驱车南下，途中办了婚礼。扎努克听到玛丽莲的绯闻后气急败坏，他明确地告诉玛丽莲，福克斯在她身上花了很多

《飞瀑欲潮》剧照

心血——"你必须红起来！你疯了吗！把你的胖屁股从国界边挪回来，把那该死的婚姻取消"！

玛丽莲和斯莱特是否真的结婚了？没有人知道，但在好莱坞，人们并不关心真相，他们只需要噱头。不过，多年后出版的《玛丽莲·梦露的离奇之死》（*The Curious Death of Marilyn Monroe*）一书中，斯莱特详细描述了两人闪婚的细节，还得到了他的一位好友的证实——这位好友就是当初借车给斯莱特的人。玛丽莲的密友珍妮·卡门也表示，玛丽莲告诉过她，自己嫁给了斯莱特。玛丽莲说那次婚姻是"为期三天的荒唐事、南部边界的疯狂旅程"。

1953 年，玛丽莲迎来了电影事业的第一个转折。首先，她拍摄了《飞瀑欲潮》（*Niagara*），在其中扮演约瑟夫·科顿（Joseph Cotten）所饰演的角色的妻子罗斯。影片并不是很出彩，但玛丽莲的表演受到了广泛的肯定。接着，她开始拍摄电影《绅士喜爱金发女郎》。她和简·拉塞尔（Jane Russel）合作出演一对从小地方来的姐妹。这部影片是福克斯公司的大制作，一部难得的彩色电影。而玛丽莲在电影中演唱的歌曲《钻石是女孩最好的朋友》（*Diamonds Are a Girl's Best Friend*）更是成了好莱坞经典曲目。

拍摄过程中，娜塔莎经常到片场指导玛丽莲。玛丽莲和拉塞尔关系很好，但拉塞尔非常讨厌娜塔莎，认为她是在妨碍玛丽莲的发挥。有一次，娜塔莎和导演霍华德·霍克斯（Howard Hawks）发生了争执，她被导演赶出了片场。不仅如此，迪马吉奥和娜塔莎的关系也非常糟糕，迪马吉奥反感这个干涉自己和玛丽莲的生活的人。

7 月 15 日，玛丽莲和拉塞尔一起在好莱坞中国剧院前的广场上留下了她们的手印。7 月 18 日，影片正式上映，很快就收获了票房和口碑的双丰收。玛丽莲也扭转了自己之前塑造过的坏女人形象，成了一个风趣可爱的金发女郎。

9 月 23 日，格蕾丝去世了，这对玛丽莲来说是一个巨大的打击。她和艾达取得了联系，艾达安慰了她，让她多少好过了些。

（上图）《飞瀑欲潮》剧照
（下图）《愿嫁金龟婿》剧照

随后，玛丽莲拍摄了《愿嫁金龟婿》（*How to Marry a Millionaire*）。这是一部爱情喜剧，共同出演的还有劳伦·白考尔（Lauren Bacall）和罗里·卡尔霍恩（Rory Calhoun）。影片以三个合租女孩的感情生活为切入点，讽刺了女郎们的虚荣和拜金。影片于 1953 年 11 月 5 日上映，很快就取得了当年电影票房排行榜的第二名。同年，玛丽莲还拍摄了《大江东去》（*River of No Return*）。这是一部西部片，由玛丽莲和罗伯特·米彻姆合作出演，她还在里面演唱了四首歌曲，给观众留下了深刻的印象。影片于 1954 年 4 月 30 日上映，当时玛丽莲·梦露已经成了迪马吉奥太太。

玛丽莲通过一部又一部影片证明了自己的才华，在获得影迷喜爱的同时，也终于在好莱坞这座浮华城得到了一席之地。

事业的顺利并不意味着感情的顺利。随着恋情的深入，玛丽莲和迪马吉奥都发现两人存在很多分歧，其中最大的分歧点是玛丽莲的性感形象。迪马吉奥观念保守，他不喜欢自己的女人衣着暴露。和玛丽莲的第一任丈夫詹姆斯一样，他想要一个听话的、老实待在家里的女人，玛丽莲显然不符合这些条件，但玛丽莲从未想过要分手。

在工作上，玛丽莲希望能对自己的表演事业有更多的发言权，并且得到更符合她劳动价值的薪酬，于是向福克斯公司提出了请求，但遭到了拒绝。福克斯公司一如既往地对玛丽莲发号施令，这让她很愤怒。有一次，她鼓起勇气拒绝了福克斯公司的演出安排，结果立刻被停职了。

玛丽莲对停职威胁毫不在意，她已经不是那个初出茅庐的小女孩了。她把这当作一次休假，专心地和迪马吉奥谈起了恋爱。她来到了迪马吉奥的家里，迪马吉奥的家人都很喜欢她。两人难得地度过了一段悠闲的时光，并决定走入婚姻的殿堂。

1954 年 1 月 14 日，玛丽莲与迪马吉奥在旧金山市政厅领取了结婚证。由于离过婚，迪马吉奥在结婚当日被天主教逐出了教会。

新婚之夜，两人入住了加州帕索罗布尔斯地区的克利夫顿汽车旅馆，距旧金山南部大约 175 英里，一晚 10 美金。迪马吉奥和老板讨价还价后，最终以 6.5 美金一晚的价格入住。他只要了个带有电视和双人床的小房间。旅店经理说，两人于晚上 8 点入住，直到第二天下午 1 点才离开，本来按照规定他们应该上午 10 点就退房的。克利夫顿旅馆并没有在房钱上赚到多少利润，但是旅店经理将他们用过的带有污点的床单以 500 美金的价格卖给了玛丽莲·梦露的狂热粉丝。

在棕榈泉度过了两个星期的蜜月生活后，他们又去了东京旅行。在东京，迪马吉奥成了玛丽莲的陪衬，这让他很失落，一个国际知名度远高于自己的妻子让他压力很大。东京媒体热捧玛丽莲为"尊贵的摆臀夫人"。

在日本的时候，玛丽莲收到了美国军方的邀请函，希望她能够为驻守韩国的美国士兵带去欢乐。玛丽莲十分激动，但迪马吉奥不准她去。玛丽莲不理会迪马吉奥的反对，最终还是飞到了韩国。驻守在那里的数千名士兵热烈欢迎她的到访。很多士兵后来说，当玛丽莲穿着细肩带的低胸裙走出来时，他们激动得都快哭了。她的开场白用了《绅士喜爱金发女郎》中的台词"钻

石是女孩最好的朋友",并演唱了这首歌。全场都因她的到来而沸腾、欢呼。回到东京,玛丽莲告诉迪马吉奥,他永远都不会听到那样热烈的欢呼声。迪马吉奥回应道:"我听到过。"当然,这是真的,在迪马吉奥鼎盛时期的赛场上,这样的欢呼并不少见。

回国后,玛丽莲强迫迪马吉奥和她一起回好莱坞,她复职了。或许是因为福克斯公司终于意识到了她的价值,或许是他们迫于粉丝的压力,总之无论如何,玛丽莲取得了这场"战役"的胜利。迪马吉奥一直认为好莱坞是"骗子的国度",在他看来,玛丽莲的复职不过是"骗子们"耍的手段而已,但对玛丽莲的爱让他选择了妥协。他和妻子搬到了位于北棕榈大道的房子里,房间又大又空,月租是 750 美金。

马龙・白兰度评价说:"玛丽莲说她想安定下来,做家庭主妇,要六个孩子。也许迪马吉奥就是因为这句话才拜倒在她的石榴裙下的。但婚后他却发现,玛丽莲想要的不是六个孩子,而是六座奥斯卡。"

玛丽莲受到了美军
士兵的热烈欢迎

迪马吉奥太太的烦恼

　　成为迪马吉奥太太后，玛丽莲没能像迪马吉奥期待的那样为他熨衬衫，而是来到了《娱乐至上》（*There is No Business Like Show Business*）的拍摄现场。这部电影由玛丽莲、埃塞尔·默曼（Ethel Merman），以及唐纳·奥康纳（Donald O'Connor）联袂主演，这两人都曾与她有过恋情。一同出演的米基·盖纳（Mitzi Gaynor）对她嗤之以鼻，而演员约翰尼·雷（Johnnie Ray）和丹·戴利（Dan Dailey）却跟她关系很好，不过两人都没有和玛丽莲交往，因为他们都是同性恋者。

　　《娱乐至上》致力于突出欧文·柏林（Irving Berlin）的音乐，而这部影片对玛丽莲·梦露来说相当失败。她彩虹色的裙子、水果沙拉头饰都毫无美感。波斯利·克劳瑟（Bosley Crowther）在《纽约时报》中评论道："梦露小姐总是扭来扭去，看上去令人备感尴尬。"

　　迪马吉奥来到拍摄现场，看见玛丽莲穿着暴露的服装后十分生气，拒绝和她说话。玛丽莲的婚姻刚刚开始，就已经陷入困局，但两人却又总是能够找到途径缓和婚姻中的矛盾。在一场聚会上，玛丽莲遇到了简·皮特斯，两人曾在 1953 年共同出演《飞瀑欲潮》。玛丽莲坦率地和她谈起了迪马吉奥。

　　"他想住在旧金山，而我更喜欢洛杉矶。他喜欢高尔夫，但我遇见的其他男人都更喜欢做别的事情。晚上他通常都和朋友聊运动员那点事儿，然后再花上五个小时看电视。我喜欢调戏男人，但他占有欲很强，很容易吃醋。我喜欢慢慢来，但他喜欢立刻做。他希望我穿得像艾琳·邓恩（Irene Dunne）或者玛娜·洛伊（Myrna Loy）那样保守，而我恰恰相反。"

　　玛丽莲还抱怨说，迪马吉奥不见她的朋友，也不让她的朋友到家里来。

但有时他会将自己的朋友，如乔·纳奇奥（Joe Nachio）带回家吃饭，还会与其一同观看电视比赛。迪马吉奥的传记作家理查德·本·克拉玛（Richard Ben Cramer）在书中写道："迪马吉奥似乎讨厌所有和玛丽莲要好的人。即便是女性朋友，玛丽莲也要出去和她们见面，不能在家里；或者趁迪马吉奥不在家的时候叫她们过来，再早早让她们离开，不让迪马吉奥撞见，以免他生气。有时一连好几天，玛丽莲谁都不能见。"

玛丽莲太渴望陪伴了，寂寞的时候，她也会给演员布拉德·德克斯特（Brad Dexter）打电话。他们是在 1950 年共同出演电影《夜阑人未静》时认识的，虽然并不经常见面，但一直保持着联系。德克斯特长得非常英俊，方脸、宽肩膀，深得玛丽莲的青睐。一天下午 3 点，德克斯特一刻也不耽误，急忙赶往玛丽莲的家。他们想早点儿见面，以免碰上迪马吉奥提前回家。玛丽莲叫他留下来吃晚饭，觉得迪马吉奥可能会喜欢他，他同意了。据传记作家理查德·本·克拉玛说："德克斯特是男人中的男人，他是玩牌高手、赛马迷，还是弗兰克·辛纳特拉（Frank Sinatra）的朋友。玛丽莲原本以为迪马吉奥会和德克斯特相处得很好。但在德克斯特的回忆中，迪马吉奥看到德克斯特和自己的妻子在一起时，他只想知道两个人到底发生了什么。德克斯特说：'由于迪马吉奥的怀疑，整栋房子里的气氛相当恐怖。我假装还有约，最终没有留下来吃晚餐。'"

玛丽莲拍摄《娱乐至上》期间，白兰度正好在附近拍摄《拿破仑情史》（Desirée），她就去白兰度的片场探班。萨姆·吉尔曼（Sam Gilman）见证了两人的会面。

萨姆是一名未成年演员，和白兰度关系很好。白兰度让萨姆搬到了自己家，某种程度上把他当作了一个用人。萨姆会给白兰度做饭、擦鞋，帮他清理不想要的女朋友。萨姆说，看到白兰度打扮成拿破仑的样子，玛丽莲咯咯笑了起来。她穿着正式的礼服，和白兰度合了影。一位大明星去看望另一位大明星，表面上看一切都很正常，但是，在白兰度的更衣室里，玛丽莲向他展示了右胳膊上通过化妆掩盖的伤痕。

"玛丽莲痛恨一切形式的暴力，知道迪马吉奥私下里是这样一个卑鄙的浑蛋后，白兰度也十分愤怒。迪马吉奥常常喝得醉醺醺的，回家后指责玛丽莲结了婚还和白兰度、辛纳特拉以及数不清的男人有染。"萨姆说。

迪马吉奥也许并没有说错，但暴力不是解决问题的办法。玛丽莲告诉白兰度，迪马吉奥动手打她时，她跑进卧室，把门锁起来。迪马吉奥把门撞开了，打她的时候小心地避开了脸，这样就不会被人察觉。他可不想让媒体知道"美国英雄"实际上是个浑蛋！白兰度十分愤怒，他要玛丽莲搬出来，并且告诉她，在找到新住所之前可以和他一起住。同时，白兰度建议玛丽莲离婚。过了两天，白兰度告诉萨姆，玛丽莲和迪马吉奥的婚姻是不合法的，因为玛丽莲还是白兰度的妻子，他们还没有离婚。萨姆后来说："直到今天我也不知道白兰度和玛丽莲到底有没有结婚，或许他是骗我的。"

玛丽莲曾告诉媒体和西德尼·斯科尔斯基（Sidney Skolsky）："婚姻是越过越明白的。"然而私下里，她告诉白兰度，自己与迪马吉奥的婚姻已经名存实亡，就差离婚手续了。萨姆认为："白兰度和玛丽莲认真地讨论过结婚，是全世界都看得到的那种结婚，不是传言中举行的假婚礼，或者其他的。白兰度告诉我，玛丽莲同意结婚了，但前提是不能指望她生孩子。"

一个星期后，玛丽莲以一种判若两人的、不同于以往的姿态来《拿破仑情史》的片场找白兰度。"这次她没有穿正式的裙子，而是穿了一件破破烂烂的浴衣，很久没洗过的那种。"萨姆说，"她没化妆，看起来十分糟糕。一开始我都没认出她来。白兰度后来告诉我，玛丽莲·梦露只是一个娱乐产业的产物，真实的她完全不是人们看到的那样。"

萨姆回忆说，白兰度立刻意识到玛丽莲遇到了很大的麻烦。"他直接就不拍了，然后朝玛丽莲走去，用结实的臂膀搂着她，再次把她带到了更衣室，而且挂上了'勿扰'的牌子。当天所有的拍摄都推迟了，导演十分愤怒。我就在附近徘徊，想或许白兰度会需要我帮忙。我至今也不确定，到底是什么事让玛丽莲变成那个样子的。后来白兰度转述了玛丽莲的话：'我的脑子不清

醒了，就像我妈妈那样。'他们会来找我的，把我关在某个医院里。'也许玛丽莲已经预知了自己未来的命运，尽管不知道确切的时间。

"玛丽莲想和白兰度私奔，她说：'任何地方都可以，只要可以躲起来永远不被发现。'后来，他们果真一起出去躲了几天。然而有一天，玛丽莲失踪了。不过，我看见了来接她的男人——弗兰克·辛纳特拉。我告诉白兰度，玛丽莲坐出租车走了，没告诉他是辛纳特拉带走了玛丽莲。否则，他一定会恨死辛纳特拉的。相信我，辛纳特拉也一定恨死了白兰度。"

玛丽莲第一次见辛纳特拉是在洛杉矶。辛纳特拉邀请迪马吉奥共进晚餐，并力邀玛丽莲一同前往，他迫切想要认识一下这位性感女神。席间，趁着迪马吉奥去洗手间的空当，玛丽莲把自己的电话号码给了辛纳特拉。"找个时间来见见我怎么样？下个星期迪马吉奥要去旧金山拜访亲戚。"

"只要是还活着的男人，没有一个能拒绝玛丽莲·梦露的邀请。"辛纳特拉回答，"宝贝，你是美国最卖座的明星。"

玛丽莲的朋友兼摄影师米尔顿·格林（Milton Greene）说，玛丽莲和辛纳特拉第一次幽会是在迪马吉奥去旧金山的第二天晚上。玛丽莲告诉辛纳特拉，她被邀请出演《豪侠艳姬》（*Heller in Pink Tights*）。影片讲述了 20 世纪初一个酒吧艺人成为歌舞明星的故事。她邀请辛纳特拉出演男主角。一开始，辛纳特拉不太愿意出演这个角色，他觉得自己会成为玛丽莲的陪衬，但最后还是被玛丽莲说服了。迪马吉奥对玛丽莲出演这部片子十分不满，主要原因是片酬太少。"你是这部片子的超级明星，人们为了看你穿紧身衣才会排着队买票，但是大笔的钱反而被辛纳特拉拿走了，你什么都没得到。"

辛纳特拉对迪马吉奥的看法一无所知，开拍第一天，他准时来到片场准备。然而，玛丽莲一直没有露面。到中午休息之前，辛纳特拉抽了整整一包烟。玛丽莲家里的电话无人接听，福克斯公司甚至派人去迪马吉奥的住所找她，但那儿空无一人。辛纳特拉喝了一瓶威士忌，安慰自己玛丽莲会来的，但直到当天拍摄结束，玛丽莲也没有出现。最终，辛纳特拉怒骂着冲出了摄

上图正在彼此交谈的两人是玛丽莲和辛纳特拉，下图
是玛丽莲和迪马吉奥。三人之间关系复杂，辛纳特拉
是迪马吉奥的朋友，又是玛丽莲的情人

影棚，他对福克斯的工作人员说："告诉她我不拍了！再也别给我打电话！"

四天后，辛纳特拉得知，那天玛丽莲和迪马吉奥一起离开洛杉矶，飞去旧金山和迪马吉奥的家人团聚去了。回到洛杉矶后，玛丽莲几次试图和辛纳特拉联系，还到辛纳特拉位于棕榈泉的别墅找他，但辛纳特拉不肯见她。他给玛丽莲发了一封电报，上面写着："太幼稚了，太晚了。宝贝，我们结束了！"

玛丽莲从不会轻易接受别人的拒绝。一个星期六的下午，她穿上最性感的超低胸露背裙，出现在了辛纳特拉的别墅门口。尽管很不情愿，但看到玛丽莲的打扮后，辛纳特拉还是请她进去了。后来，他告诉小萨米·戴维斯（Sammy Davis, Jr.）："我可以拒绝再和玛丽莲一起演戏，但是面对和她上床的机会，我真的无法拒绝。"

玛丽莲准备结束和迪马吉奥的婚姻时，提议要以"女友"的身份和辛纳特拉一起住。正如后来迪恩·马丁对辛纳特拉所说："没有男人能拒绝玛丽莲·梦露。面对现实吧，艾娃·加德纳（Ava Gardner）是世界上最美的女人，而玛丽莲·梦露是最性感的女人。如果你不能拥有艾娃，不要紧，上帝给你送来了一个最性感的；如果你用玛丽莲取代了艾娃，那么这个地球上不会有人为你失去艾娃而感到惋惜。天啊，你是所有成年男人嫉妒的对象！"

尽管像马丁一样的朋友都劝辛纳特拉接受玛丽莲的提议，但辛纳特拉仍然犹豫不决。玛丽莲开始频繁给他打电话，而且常常是在半夜。辛纳特拉的密友詹姆斯·怀廷（James Whiting）说，玛丽莲已经赖上了辛纳特拉。"她这辈子身边总要有男人，不能有空缺。迪马吉奥走了，她就必须立刻找个男人来替代他的位置。如果辛纳特拉能够从失去艾娃的悲伤中走出来，那么他就是那个能够跟玛丽莲在一起的幸运儿。"

经过长时间的思考，辛纳特拉妥协了，他打电话给玛丽莲，同意她搬过来一起住。玛丽莲十分高兴，她打电话给怀廷说："你有任何问题都可以找辛纳特拉。他可以解决所有的事情，甚至包括解救像我一样处于危难中的女人。"

罗伯特·斯莱特对玛丽莲和辛纳特拉的关系心知肚明，好莱坞也早已收到了风声。同居一个星期后，玛丽莲告诉斯莱特："弗兰克·辛纳特拉是我约会过的男人中最有魅力的一个。他总是很友好，很善解人意。我们在一起的时候，我不需要吃药。他可以让我开怀大笑，给我安全感。他可以让我开心起来。他教会我热爱生活，而不是惧怕生活。他是个绅士。当然，他还是因为艾娃的事情难过，有时候情绪消沉。但我正在帮他愈合伤口，他在慢慢好转。"

　　辛纳特拉告诉怀廷，艾娃离开后，他就消沉了。然而，"玛丽莲成了治愈他的良药"。他和玛丽莲生活的时间越长，他对艾娃的思念就越少，尽管他还是爱着艾娃，或许那将是他一辈子也无法割断的感情。熟悉辛纳特拉的人都说，在1954年和艾娃离婚后，他就爱上了玛丽莲。"他仍然爱着艾娃，"迪恩·马丁说，"但是他也在以另一种方式爱着玛丽莲。辛纳特拉可以同时爱两个女人。"

　　J. 兰迪·塔拉波雷利（J. Randy Taraborrelli）在一本名为《辛纳特拉：完整生活》（Sinatra: A Complete Life）的书中写道："玛丽莲在一定程度上安慰了辛纳特拉，至少他不那么难过了。玛丽莲说她不在乎治愈的过程要花多长时间，她坚信辛纳特拉终有一天会好的。他们在新生活上很有创新精神。辛纳特拉和玛丽莲在一起之前，从没这么生活过。"

　　然而平静的生活仅仅维持了两个星期，随着时间的流逝，矛盾开始显现。辛纳特拉受不了玛丽莲的各种缺点，玛丽莲也发现辛纳特拉不是她想的那么绅士。辛纳特拉的助手乔治·雅各布斯（George Jacobs）说："她是个酒鬼，这一点辛纳特拉还可以忍受。但他是个爱干净的男人，他不能忍受玛丽莲脏得像猪一样。她经常不洗澡，而且在床上吃东西，像比萨之类的食物残渣都留在床垫上，她就这样睡在上面。她的头发干枯、无光泽，因为她不洗头。她常常超重不止25磅，然后在拍新电影前疯狂减肥。"

　　尽管辛纳特拉在玛丽莲受人侮辱时会挺身而出，但情绪不好时，他也会突然对她恶语相向。两人都发现，他们不适合在一起。不久，玛丽莲搬出了

辛纳特拉的房子，但两人的关系并未因此而结束。据辛纳特拉的朋友——演员彼特·劳福德（Peter Lawford）说，辛纳特拉在洛杉矶演出时，玛丽莲常去看他。

玛丽莲的心理医生一直不赞成玛丽莲和辛纳特拉在一起，认为他们是虐待与被虐待的关系，当然，辛纳特拉是虐待的角色。玛丽莲的确告诉过朋友们，每当她把辛纳特拉惹毛的时候，他就会对她使用暴力。

和未来总统谈恋爱

1954 年的夏天，在好莱坞比弗利山庄的一场独家名流派对上，所有的视线都聚焦在一位年轻人身上。他来自美国东海岸，英俊潇洒、穿着考究、身材修长，是一位参议员。他的姓氏是好莱坞的传奇。前不久，他还在新西兰迎娶了"名媛之花"。他的父亲光靠电影制作就赚了不少钱，而且还有不少其他投资。这个年轻人就是约翰·F. 肯尼迪（John F. Kennedy）——未来的美国总统，人们常亲昵地叫他杰克。

19 世纪 20 年代后期，杰克的父亲——风流的老约瑟夫·帕特里克·肯尼迪（Joseph Patrick Kennedy, Sr.）来到好莱坞，与当红女影星挨个厮混，比如葛丽泰·嘉宝（Greta Garbo）和康斯坦斯·贝内特（Constance Bennett），他最出名的一段风流韵事是与葛洛丽亚·斯旺森（Gloria Swanson）——无声电影时代的女王——交往。

在这场由好莱坞顶级经纪人查尔斯·费尔德曼（Charles Feldman）举办的派对上，这位政坛新星得到了顶级明星才能享有的关注。成为电影制作人之前，费尔德曼是镇上最娴熟的美女推销人，也被称作"皮条客"。费尔德曼听说杰克来到好莱坞，便立刻邀请他参加派对。"我诚意邀请您和玛丽莲·梦露担任本次派对的特邀来宾。"

杰克当然不可能拒绝。在科德角与妻子杰奎琳·肯尼迪（Jacqueline Kennedy）分开后，他参加了费尔德曼的派对。跟他一起出现的是其妹夫彼特·劳福德——劳福德年初刚和帕特里夏·肯尼迪（Patricia Kennedy）结婚。杰克并不是第一次来好莱坞，早在 1946 年，他就因为《英国何以沉睡》（*Why England Slept*）一书来过一次了。这次来之前，他对弟弟罗伯特·肯尼

迪（Robert Kennedy）说："你知道我有多想超越父亲，他曾诱惑过那么多好莱坞可人的女明星。我想打败他。"

"你已经有了拉娜·特纳，"罗伯特说，"杰恩·曼斯菲尔德（Jayne Mansfield），吉恩·蒂尔尼（Gene Tierney），格蕾丝·凯利（Grace Kelly），朱迪·嘉兰（Judy Garland），玛琳·黛德丽（Marlene Dietrich），海蒂·拉玛（Hedy Lamarr），索尼娅·海妮（Sonja Henie），琼·克劳馥，艾娃·加德纳。还剩下谁没跟你在一起过？"

"还有一个……玛丽莲·梦露。"

其实杰克忘记了，八年前，也就是 1946 年，他曾与玛丽莲有过接触。当时，玛丽莲还叫诺玛·简，是他的老友罗伯特·斯塔克（Robert Stack）给他介绍的。斯塔克后来回忆说："整个洛杉矶都知道，约翰·肯尼迪是当时浮华城唯一比我帅的男人。他非常懂得如何吸引女人。据我所知，他下午、酒会、晚餐时都有'节目'。噢，我有没有忘记说，这些节目都是跟不同的女人约会？""有其父必有其子。不过两人处理女人的方式有些不同。老乔（杰克的父亲）几乎让妻子名誉扫地，但他总会给罗丝·肯尼迪（Rose Kennedy）带回昂贵的礼物；而杰克在好莱坞眠花宿柳归来后，完全不会买花送给杰奎琳。"

派对上，杰克、劳福德和费尔德曼坐在客厅中央的沙发上。玛丽莲一直没有出现，直到杰克要第二杯酒时，整个房间突然安静下来。费尔德曼站起身，迎接姗姗来迟的客人——玛丽莲·梦露。她身穿紧致的黑色低胸裙，斜披着白色的狐狸皮，裸露着一侧肩膀，脚蹬红色鳄鱼皮制的"琼·克劳馥式高跟鞋"。同行的还有她的丈夫迪马吉奥，以及亚历克西斯·史密斯（Alexis Smith）和茂文·道格拉斯（Melvyn Douglas）。虽然背部不适，杰克还是站起身，跟款款而来的玛丽莲打了招呼。

刚染了头发的玛丽莲耀眼而迷人，杰克几乎挪不开眼。费尔德曼赶紧为两人做了介绍："梦露小姐，这位是我们的贵客，约翰·肯尼迪，马萨诸塞州议员。当然，约翰肯定认识乔·迪马吉奥的，不需要我多做介绍了吧？"

"梦露小姐，"杰克轻轻握着她的手，深深地望着她的眼眸，"认识你是我的荣幸。我和杰奎琳都认为《绅士喜爱金发女郎》是最好的音乐剧，至少我是这么觉得的。你是那么的迷人，可惜杰奎琳更偏爱查尔斯·科本（Charles Coburn）一些。"

玛丽莲笑了："谢谢你的谬赞，请转告杰奎琳，科本也很中意她。"她后来说："迪马吉奥和杰克没什么共同语言。他们就像谷仓里的两只公鸡绕着唯一的母鸡打转。杰克·肯尼迪一点儿都不掩饰对我的迷恋，这让迪马吉奥大为恼火。"

在玛丽莲点酒水前，迪马吉奥去了洗手间。在他离开的这一会儿，玛丽莲大胆地依偎着杰克·肯尼迪："你说见到我非常高兴。其实，我们以前就见过。那还是1946年，在罗伯特·斯塔克那里。"

"你就在那些女孩里？但是我怎么不记得有人叫玛丽莲·梦露？"

"我当时还叫诺玛·简，棕色的头发，还很小，有些害羞。那是我成为玛丽莲·梦露以前的事了。"

"我仍然不敢相信我们有过那么一段。"杰克说。

"如果你想要证据，我可以描述当时所有的细节。"

玛丽莲伸手拿出一个缀满金属亮片的红色钱包，递给杰克一张写着私人号码的名片。上面还印着她的红色唇印。

"你在派对上到处给男人送这种卡片吗？"杰克问道。

"当然会挑选一下——比如当红的影星、有名的导演、大牌制片人。对了，彼特·劳福德和查尔斯·费尔德曼告诉我，你会在1956年竞选美国总统。"

"你知道我会去竞选？"

"我并不像看起来那么笨。"

就在那时，迪马吉奥回来了，继续保护他的"私有物"。杰克·肯尼迪立刻换了话题："你本人像电影里占卜的罗蕾莱·李（Lorelei Lee）吗？"

玛丽莲说："当然不。我倒觉得女孩的命运应该自己掌握，而不是依附男人。"

迪马吉奥说："很有想法，正好我也退休了，没有了过去的光环。"

　　这时，费尔德曼的管家出现了，他穿着红色的晚宴餐服，系着粉色的领结，宣布晚宴开始。餐桌上，迪马吉奥没有被安排在玛丽莲旁边，这让他颇为恼怒。他的旁边是帕特里夏·肯尼迪，好在她很懂棒球，和迪马吉奥有些话题。两个小时后，玛丽莲离开了派对。她和迪马吉奥到得最晚，但走得最早。

　　第二天一早，杰克·肯尼迪穿着贝艾尔酒店的睡袍，拨通了玛丽莲给他的号码。遗憾的是，接电话的是迪马吉奥。听到是男人的声音，迪马吉奥立刻问："谁？"

　　"一个朋友。"杰克回答道。

　　迪马吉奥"砰"地挂了电话。

　　随后，迪马吉奥出门和平·克劳斯贝（Bing Crosby）打高尔夫。他刚出门，玛丽莲就飞一般地逃离了她所谓的"监狱和狱卒"，搭出租车直奔贝艾尔酒店。她已经提前打了电话，杰克邀请她共进"迟到的早餐"。

　　接下来发生的一切一直饱受猜测，细节只能通过玛丽莲跟珍妮·卡门、彼特·劳福德、雪莉·温特斯以及其他人提及的只言片语来拼凑。

　　"玛丽莲就像个小女孩，因为与帅气的参议员约会而兴奋不已。她告诉我：'杰克·肯尼迪娶了华盛顿最美的女人，但却想要得到我。他说我会对他做只有妓女才会做的事。'她把这当成了赞美！"雪莉·温特斯回忆说，"我常在想，玛丽莲到底怎么想的？杰克·肯尼迪是出了名的花花公子，他跟任何女人在一起三次后就会抛弃对方。这只能说明杰奎琳小姐不想管这些事。玛丽莲说，杰克·肯尼迪会成为美国总统，然后会封她为'第一情人'。后来，玛丽莲想得到更多，她居然说想当第一夫人！对于一个从小在孤儿院和寄养家庭长大的女孩来说，这一切让她陷入了兴奋和幻想中。玛丽莲说，在好莱坞这些年，杰克·肯尼迪是她遇到的最好的男人。"

　　在肯尼迪的套房里待了一天后，玛丽莲迫切地想找人分享自己的好运。她给彼特·劳福德打了电话，说："老实说，在那方面很多人都能胜过杰克，但我还是要继续跟他在一起。我们已经达成一致，回到东部，他会对杰奎琳忠诚，但不在那里时，我会是他唯一的女人。也就是说，我跟杰奎琳共享他，只有我们俩。"但以劳福德对杰克的了解，杰克承诺的事情不可能做到。

玛丽莲喜欢暴露隐私，因此经常和朋友分享她的约会经历。雪莉·温特斯说："玛丽莲喜欢吹嘘她与杰克的关系，跟我们几个都说过。她觉得这是荣誉，就像在喊'你们看着我，与我睡觉的男人，未来的某一天，会成为整个自由世界的领袖！'。她和电影巨星、大牌制作人也睡过，但都不足以与未来领袖的候选人相比。"

玛丽莲后来承认："我并不是因为爱杰克才和他在一起，而是因为跟他在一起，我会觉得自己跟着最有权势的人。他的一个重大决定，会影响整个世界。这就是女人。几个世纪以来，女人都被有权势的男人吸引。"

玛丽莲和彼特·劳福德也不是第一次见面，早在 1951 年，他们就在威廉·莫里斯经纪公司认识了。劳福德觉得玛丽莲很性感，于是想要和她交往，而玛丽莲告诉朋友们，自己并没有被劳福德吸引，但她还是答应了他的邀请——"当一个电影明星邀请你出去，而你正在努力攀登好莱坞这架梯子，你就会去的"。

玛丽莲告诉罗伯特·斯莱特："劳福德只是把我当情妇。我们约会过几次，不过这没什么大不了。大多数时候，他只是亲吻我的脸颊，并道一声晚安。"

劳福德则告诉朋友乔治·库克（George Cukor），和玛丽莲·梦露相比，他更喜欢诺玛·简。"她很脆弱，甚至很害羞，但她成为玛丽莲·梦露后，我就再也提不起兴趣了。她在做什么啊？想成为另外一个简·曼斯菲尔德（Jayne Mansfield）？整天穿着紧身衣或者袒胸露背的裙子。这种水性杨花的女人让我毫无兴趣！"在一次采访中，劳福德对记者说："很多男人都喜欢金发辣妹，可我不这么想。对于我来说，衣着考究、低调安静、健康且有活力的女孩最漂亮。我喜欢女大学生那种类型，而不是电影中的性感妖女。"看到这些报道后，玛丽莲告诉卡门："我猜劳福德是想用这种方式告诉我，我和他之间彻底结束了。"

本来，玛丽莲已经把劳福德抛到了脑后，但认识杰克·肯尼迪后，她改变了主意，继续和劳福德保持着联系。玛丽莲对劳福德说："你得明白，我们要想日后发达，必须结识并亲近这个男人，他可是个大人物。多年以后，人们可能会忘记《热女郎》和《沙场义犬》（Son of Lassie），但我们会因他而被世人铭记。"

有一段时间，玛丽莲曾离开公众视线，据说她飞到了华盛顿，在海亚当斯酒店与杰克·肯尼迪秘密约会。他们一直在一起。玛丽莲说，她整晚都与杰克躺在同一张床上，但并没有睡着。她不敢动，怕吵醒杰克。杰克睡得很沉。"他有些打鼾。"玛丽莲后来说，她很失望，杰克就像迪马吉奥一样，"他不喜欢搂着睡，总是翻过身就睡着了。"

早上，他们一同起床。玛丽莲发现，杰克·肯尼迪和她一样，也喜欢不穿衣服走来走去。对此，杰克的妻子杰奎琳也曾说，在海厄尼斯港，杰克经常披着浴巾就出来了。"有时浴巾掉了，他也不急着披回去。他对于不穿衣服的态度特别随意，甚至女士在场也无所谓。"玛丽莲得知杰奎琳不在海厄尼斯港，便请求杰克带她去他的家。起初，杰克有些不情愿，但那天正巧是星期日，仆人们都不在，他同意了。

对一个生长在加利福尼亚州的女孩来说，坐车经过弗吉尼亚州的马场，看着绅士的农场经纪人，感觉就像进入了另一个世界。一路上，杰克指给她看上层社会的东岸党拥有的地产，但玛丽莲对那些人名都很陌生。快到希科里希尔山庄时，杰克告诉玛丽莲，那里曾是内战时联邦军首领乔治·麦克莱伦（George McClellan）的指挥中心，他花了 12.5 万美金买下那里，而他的妻子花了更多的钱，买了许多价值不菲的古董来装饰房子。

房子映入眼帘时，玛丽莲感觉自己仿佛来到了梦想中的庄园。这是一栋庞大的白色房子，修建在波托马克河上游的林地上。这里位于弗吉尼亚州麦克莱恩市，离杰奎琳小时候住过的梅利伍德只有两英里。杰克告诉玛丽莲，山脚下原本有一个游泳池，现在已经改建成了杰奎琳的养马场。房子内的古玩和画作让玛丽莲惊诧不已，简直就像到了博物馆。

　　杰克带着她上楼，来到他与杰奎琳的卧室。两人在那里休息了一会儿，杰克很快就睡着了，但玛丽莲一直毫无睡意。她决定从杰奎琳的衣橱开始，稍稍参观下这栋房子。玛丽莲被杰奎琳的衣橱惊呆了，她发现了一条特别迷人的白色礼裙。她决定试一试。就在那时，杰克醒了。他怒气冲冲地从床上起来，让玛丽莲马上脱掉那条裙子，并将它挂回了原处。

　　开车回华盛顿的路上，杰克一直保持着沉默。玛丽莲害怕杰克后悔带她去希科里希尔山庄，她觉得自己不应该试穿那条裙子。在海亚当斯酒店门口对面的街角，杰克让玛丽莲下了车。下车前，玛丽莲试图约定再次见面的日期，然而，杰克并没有给出确切的答案。玛丽莲承诺："只要你打电话，我就会飞奔过去，哪怕当时我正在发表奥斯卡获奖感言。"

黑手党的威胁

当然，和一个有权有势的男人在一起，也有可能麻烦缠身。一天，玛丽莲回到洛杉矶，刚下飞机，一个高大凶悍的男人便走上前来。他的脸隐藏在大大的墨镜后，身上穿着亨弗莱·鲍嘉（Humphrey Bogart）款的大衣。他没有做自我介绍，只是说："约翰尼在车里等你。"

玛丽莲的生活中出现过好几个约翰尼，例如她的前经纪人约翰尼·海德。但是，这个"约翰尼"是个危险的人物。她顺从地跟着那个男人到了一辆轿车前，保安打开了车门，一个穿着黑色外套的男子坐在最远的角落里，黑色的帽子挡住了他的大半张脸。他就是黑帮成员约翰尼·罗塞利（Johnny Roselli）。玛丽莲很久以前就听说过千万不要拒绝罗塞利，还有他的老大萨姆·吉安卡纳（Sam Giancana）。玛丽莲坐进轿车，给了罗塞利一个吻。他要求玛丽莲陪他去拉斯维加斯。玛丽莲不想去，但也不敢违逆。

作为黑手党中最圆滑的人，罗塞利在好莱坞、拉斯维加斯和华盛顿之间游刃有余。据传言称，他曾跟大批流氓一起威胁哈里·考恩，替玛丽莲争取哥伦比亚影业公司的合同。一些黑手党成员称罗塞利是"帅气约翰尼"。他总是绅士感十足地穿着价值 1000 美金的西服，乌黑的头发梳得光亮，橄榄色的皮肤显得十分健康。

玛丽莲第一次见罗塞利是在约瑟夫·申克家里。申克是一位制片人，年轻时曾与玛丽莲有过一段恋情。他出生在俄国的一个犹太家庭，1893 年来到纽约，后来进军娱乐业，来到好莱坞，在无声电影初期的动作类型片中取得了重要位置。他曾与马库斯·洛尔（Marcus Loew）合伙建了多所电影院。1916 年，他娶了诺玛·塔尔梅奇（Norma Talmadge）——无声电影时代的知名女演员。在好莱坞，他是联美电影公司的首位总裁。1933 年，他与达里尔·扎努克合伙建立了 20 世纪电影公司，两年后并入福克斯公司。申克成了 20 世纪福克斯电影公司的主席。后来，他因为逃税被判刑，直到总统特赦才被释放。

1947 年，罗塞利刚从芝加哥监狱假释出来，就在申克家里遇到了迷人的玛丽莲。1943 年，罗塞利因诈骗指控被判了十年牢狱，哈里·杜鲁门（Harry Truman）总统的检察长汤姆·C.克拉克（Thomas C.Clark）与黑手党私下达成协议，提早释放了罗塞利。申克是玛丽莲的良师益友，他曾警告玛丽莲，不要与罗塞利有所牵连。她也做了保证，但显然没能做到。

罗塞利曾告诉玛丽莲，作为一个黑手党成员，"我曾从电影制片厂敲诈了数百万。然而，真正'顺风顺水'的日子是从 1936 年开始的。我们向所有的大工会收保护费，谁要是不配合，我有的是办法让他乖乖照做"。玛丽莲还惊讶地得知，20 世纪 30 年代的许多好莱坞顶级影星都有"帮派"撑腰，包括克拉克·盖博、加里·库珀（Gary Cooper）和珍·哈露。"30 年代我和珍·哈露在一起，现在我又和取代她的人在一起。我能给所有的演员非常好的合同，当然，他们也必须把最好的东西给我。"

在去拉斯维加斯的路上，罗塞利告诉玛丽莲，他基本上已经放弃好莱坞了，因为他看中了发展速度快、盈利巨高的赌博圣地拉斯维加斯。他毫不避讳地把秘密告诉玛丽莲，因为他手里握着可以勒索玛丽莲的东西。他曾警告玛丽莲："你可以甩掉那些裸体日历，但我们手上那盘色情录像带你就别奢望能毁掉了。"他指的是一盘秘密录像带，通过隐藏式摄影机拍摄的，记录了玛丽莲跟约翰尼·斯通潘纳托（Johnny Stompanato）上床的过程。

约翰尼·斯通潘纳托是米奇·科恩（Mickey Cohen）的亲信。1953 年，玛丽莲在好莱坞的派对上结识了他，对他健硕的身材、棕色的眼眸、黑色的卷发和温文儒雅的举止印象深刻。乔治·拉夫特（George Ranft）称他是"好莱坞最精明和骄傲的男人"。玛丽莲被斯通潘纳托的魅力折服，根本不知道他其实是个身价很高的小白脸，和艾娃·加德纳等众多女星有来往。

斯通潘纳托当时主要的工作就是勾引知名女星，而科恩和几个手下会秘密拍摄女影星们与他的情爱录像，再用这些所谓的"色情电影"去勒索她们。《好莱坞的名人恶棍：米奇·科恩的另类人生》（*Hollywood's Celebrity Gangster: The Incredible Life and Times of Mickey Cohen*）的作者布拉德·刘易斯（Brad Lewis）曾写道："米奇厌恶女人，却给许多年轻男人介绍著名女演员，比如玛丽莲·梦露、拉娜·特纳等。他拍摄她们情爱的过程，然后卖给黑市。如果他想控制哪个女演员，就直接用拍摄的东西威胁她。"

虽然是电影明星，但玛丽莲基本没什么钱，她的工资很低。这些人不能从她那里敲诈到钱财，就逼她用其他方式偿还，其中之一就是让她随时随地为罗塞利和吉安卡纳这些男人服务。

在拉斯维加斯，玛丽莲参加了有五十多个黑手党成员参加的聚会。玛丽莲为他们表演了自己的经典曲目《钻石是女孩最好的朋友》，吉安卡纳给了她十张 1000 美金的支票，作为她的演出费。随后，吉安卡纳和她一起共进了晚餐。晚餐在楼上秘密进行。玛丽莲后来对她的朋友提道，在喝完第三杯她最爱的香槟后，吉安卡纳庆祝她成为"好莱坞女王"。

吉安卡纳称，自己决定把玛丽莲打造成世界级的明星。当然，这需要玛丽莲完成两个任务，第一个她已经完成了一半——她成为目标人物的头号情人了，这个目标人物正是杰克·肯尼迪。吉安卡纳得到消息，1956 年民主党会推选杰克成为副总统候选人，辅助阿德莱·史蒂文森（Adlai Stevenson）争夺选票。吉安卡纳认为杰克很有潜力，极有可能统领"自由世界"——美国。玛丽莲需要做的就是写下所有杰克·肯尼迪告诉她的事，汇报给罗塞利，再由罗塞利转交给他。

玛丽莲忍不住问："如果一个女人不同意参与这场游戏，你会怎么报复她？"吉安卡纳回答说："如果我的手下泼些硫酸在女人的脸蛋上，即使像你这样的美人，也会变得丑陋无比，让人不忍直视。"

回到好莱坞，玛丽莲向好友卡门说了自己与吉安卡纳和罗塞利会面的细节，但是并没有提及她是否应允了吉安卡纳的要求。多年后，卡门透露，玛丽莲最后妥协了。"她根本无法想象自己的脸蛋不再漂亮。她才不想看到自己的脸上满是硫酸的伤痕。"

参与试镜的玛丽莲·梦露

身披皮草出席活动的梦露

我的幻觉和成为好演员之间没有任何关
系，我知道自己有多么三流，我能感觉
到自己天赋的匮乏，就像是穿着廉价粗
俗的内衣。但是，上帝，我多么渴望去
学习，去改变，去进步。

Part 03

巨 星 璀 璨

七年之痒

完成《娱乐至上》的拍摄后，玛丽莲便着手拍摄下一部影片《七年之痒》（*The Seven Year Itch*）。早前，知名经纪人查尔斯·费尔德曼给她看了《七年之痒》的剧本，邀请她出演女主角，而男主角则选定了同性恋演员汤姆·伊威尔（Tom Ewell）。玛丽莲对剧本很满意，接下了这部影片，但她对男主角的选角提出了自己的看法。她问费尔德曼："你不觉得洛克·哈德森更合适吗？"当然，费尔德曼没有采纳她的建议。

1954 年 9 月，她飞往纽约，在曼哈顿拍摄《七年之痒》。玛丽莲独自一人到达艾德威尔机场时，立刻被记者和粉丝围住了。不过，记者们关心的似乎不是新电影，而是她的私生活。当她被问及"婚姻是否要结束了"时，她说道："我们很好，幸福的婚姻是一切的前提。"很显然，她在说谎。费尔德曼说："其实她应该说，幸福的婚姻比任何事情都重要，除了她的事业——前者只是一个家庭，后者却是一大把男人。"

《七年之痒》是福克斯公司的年度重头戏，制片方想凭借这部影片大赚一笔。影片改编自乔治·阿克塞尔罗德（George Axelrod）的剧本，由比利·怀尔德（Billy Wilder）执导。玛丽莲扮演的是一个电视模特，用她自己的话说："跟其他无聊的金发角色没有区别。我想要的是一些更正经的角色。"

应该说，玛丽莲是幸运的，很多女演员都想要出演这部影片，但查尔斯·费尔德曼却坚持让玛丽莲来担任女主角。然而尽管如此，玛丽莲还是有所不满。她强烈反对由汤姆·伊威尔出演男主角。费尔德曼解释说，这个角色需要一个长相平庸的男人，演员需要从眼神中表达出好色和捣乱的本性，伊威尔比那些帅气的男人演得好。

拍摄初期，玛丽莲一直黏着一同出演的伊夫林·凯耶斯（Evelyn Keyes）。她是约翰·休斯顿的前妻，曾出演过《乱世佳人》（*Gone with the Wind*）中女主角的妹妹。玛丽莲曾与休斯顿有过合作。不过，随着拍摄的进行，玛丽莲发现伊威尔细心周到，不仅在表演上尽量配合她，还能替她排解负面情绪。当然，他带给玛丽莲的乐趣并不仅限于此。"伊威尔和我有一个共同点。"玛丽莲告诉导演比利·怀尔德，"我们都喜欢体格健美的男人。我们比赛，看谁能先得到索尼·杜夫特斯（Sonny Tufts）。"——杜夫特斯在《七年之痒》中扮演男配角。事实上，很多年前，玛丽莲就和杜夫特斯交往过，再次见面，杜夫特斯毫不犹豫地选择了玛丽莲。

杜夫特斯长得很高大，有着金色的头发，肩膀较宽，而腰身较窄。20世纪40年代，他曾与金发美女贝蒂·赫顿（Betty Hutton）以及查理·卓别林（Charlie Chaplin）的妻子宝莲·高黛（Paulette Goddard）合作过。签下《七年之痒》时，他的事业正在下滑，而玛丽莲则前途光明。他希望通过和玛丽莲合作这部影片来拯救自己的事业，然而，他失败了。杜夫特斯糟糕的境遇让玛丽莲开始担忧自己的未来，她对凯耶斯说："我很怕有一天会像杜夫特斯一样，在好莱坞提起我的名字时，就会引起一片哄笑。连杰恩·曼斯菲尔德都比我更像严肃的演员。我唯一的希望就是能够加入演员工作室。"

杜夫特斯在拍摄最后一部片子《鸡飞狗跳》（*Cottonpickin' Chickenpickers*）时透露说，玛丽莲对迪马吉奥很失望。"她总是睡不着，凌晨就喜欢在下曼哈顿区空旷的街道上游荡。她用围巾包着头发，戴着墨镜。我跟她一起，穿过幽暗的街区，想要保护她。她经常就这样沉默地走三四英里，才会回她住的酒店房间。"

在曼哈顿的一个午夜，玛丽莲拍摄了《七年之痒》中几个最经典的镜头。其中一个是玛丽莲穿着象牙色的裙子，为了感受凉风，站在地铁通风口上。

小说家乔伊斯·卡罗尔·欧茨（Joyce Carol Oates）对这个场景进行了生动的描述：

青葱少女在最美的年纪，穿着象牙色的百褶吊带连衣裙，人们能清楚地看到她胸前的起伏。她光着腿，站在纽约地铁的通风口上。金色的头发随意地扎在脑后。通风口的气流吹起裙摆，露出了白色的棉质内裤。白色棉质！轻纱的夏裙梦幻般地飘浮着。这条裙子太不可思议了。如果没有裙子，就只是一具女性的身体，一览无余。

这一幕开拍时，所有的灯都打开了，玛丽莲的内裤因而变得半透明。当时，迪马吉奥与华尔特·温切尔（Walter Winchell）正巧一同前来探班。温切尔是专栏作家，也是玛丽莲的密友之一。拍摄现场有上千群众围观，玛丽莲一遍遍地重拍裙子飞起的镜头。迪马吉奥脸色很差，他对温切尔说："我们还是走吧。"后来，温切尔说："玛丽莲和迪马吉奥摇摇欲坠的婚姻，终于在那晚，在曼哈顿的市中心，走到了尽头。只差一个星期，他们就可以敲响九个月的结婚纪念钟声。"

这个裙子飞起来的镜头成了永恒的经典，直到今天，纽约国家剧院正门还挂着这幅近 15 米高的巨幅剧照。玛丽莲比以往任何时候都闪亮，她的海报成了全美畅销品，用她自己的话说："热血青年们可能对其爱不释手。"《纽约日报》称她是"世纪魅力的化身"，媒体则把这个场景称作"继戈黛娃夫人①裸身骑马之后最深入人心的一幕"。

拍摄完成后，玛丽莲回到了居住的酒店，迪马吉奥正在酒店套房里等她。住在同一层楼的一对夫妇告诉媒体，当天他们听到套房里传来男人的咒骂声："你这个荡妇！让全世界都看看，你有多么不要脸。"玛丽莲后来告诉她的发型师悉尼·盖瑞拉弗（Sidney Guilaroff）："迪马吉奥打我的时候，我不停地尖叫，我想隔壁房间的人肯定都听到了，但没有人来救我。悉尼，你知道的，一个男人第一次打你，你会很生气。而第二次打你，你要是留下来就肯定是疯了。我离开了他。"

①戈黛娃夫人：11 世纪英国的一名贵妇，传说她曾裸身骑马。

玛丽莲·梦露最经典的形象

　　第二天，化妆师在她的背上、左臂和前额都发现了青紫的瘀斑。好在当天没有裸露的镜头，化妆师只需要把她眉毛上的伤痕遮住。"我跟迪马吉奥，我们俩完了，"玛丽莲说，"我根本不应该嫁给他，哪怕嫁给汤姆·伊威尔也比和他在一起要好。我们就说乔·迪马吉奥抛弃了玛丽莲·梦露。到此为止了。"

　　在表演教练娜塔莎·里特斯的指导下，玛丽莲于1954年11月完成了《七年之痒》的拍摄。影片费用超出预算15万美金。拍摄结束后，查尔斯·费尔德曼在好莱坞的罗马洛夫餐厅为玛丽莲举办了奢华的私人派对，只邀请了一线明星。达里尔·扎努克、塞缪尔·戈德温（Samuel Goldwyn）和杰克·华纳（Jack Warner）等人出席了派对。

　　当晚，好莱坞的一线明星们等了一个小时，玛丽莲才穿着黑色薄纱低胸礼服登场。她与自己的偶像克拉克·盖博跳了支舞。当时，她已经怀孕了，身体有些臃肿。卡门回忆说，她"看起来容光焕发"。玛丽莲告诉卡门："我不知道孩子的父亲是谁，我在想是不是迪马吉奥。"传记作者桑德拉·谢维（Sandra Shevey）称，玛丽莲的给她做了检查，安排她住进了洛杉矶的锡达斯黎巴嫩医院。她在那里住了四天。有报道称，她做了人工流产，虽然她之前曾说自己想要孩子。

　　出院后，她看起来十分憔悴，也很消沉。"我看着镜子，却找不到玛丽莲·梦露。她怎么了？"回到家后，她叫来律师杰里·吉斯勒（Jerry Giesler），让他准备自己与迪马吉奥离婚的法律文件。吉斯勒打给福克斯公关的哈利·布朗德（Harry Brand），让他发表一份能够成为全世界新闻头条的声明。

　　《七年之痒》成就了玛丽莲，而她和迪马吉奥失败的婚姻，则让他们登上了"20世纪最耀眼的情侣排行榜"。他们激越的感情碰撞——她对爱的渴求，她的风流韵事；他的暴躁脾气，他的嫉妒——预示着两人感情道路的艰难。棒球英雄和银幕女神终于准备结束这段不幸的婚姻，就像迪马吉奥说的那样："我已经厌倦了和世界分享我的妻子。"

玛丽莲私下找到弗兰克·辛纳特拉，告诉他自己打算和迪马吉奥在圣塔莫尼卡打离婚官司。"他对我太残暴了，整天不说话，还轻视我的电影角色。有一次他一连十天没有跟我说过一句话。我求他告诉我，我哪里做错了。他只说：'我受够了你的喋喋不休。'然后摔门而出，走了整整一个月。"

　　就在那个炎热的下午，离开辛纳特拉的别墅之前，玛丽莲请求道："如果我跟迪马吉奥离婚，你可以承诺当我们彼此都单身的时候娶我吗？如果你会娶我，那我就有了承受这场离婚的勇气。"

　　"你可以的，孩子。"辛纳特拉对玛丽莲说，但并没有回应她的请求。他私下里告诉迪恩·马丁和其他人："我希望玛丽莲与迪马吉奥离婚。他不适合她。"

　　1954年10月4日，福克斯首席公关哈利·布朗德对外宣布，玛丽莲和她的棒球运动员丈夫正在离婚，因为"他们各自的事业需求相互冲突，导致双方关系疏远"。这份精简的声明立刻引起了轩然大波。

　　与此同时，迪马吉奥仍与玛丽莲住在同一屋檐下，但他独自睡在一楼的小房间，而不是楼上玛丽莲的卧室里。消息一出，大批记者围在玛丽莲家门口，玛丽莲叫来化妆师惠尼·斯奈德（Whitey Snyder）给她化妆。斯奈德穿过围堵在玛丽莲家门外的记者和摄影机，从后门走了进去。他看到迪马吉奥正在客厅里，看电视上播放的足球比赛。

　　上楼后，斯奈德看到玛丽莲挨打后的两个黑眼圈。显然，头天晚上，她拒绝了迪马吉奥提出的和解要求。斯奈德花了好大工夫，尽全力给她化妆，"我们可以说这是眼影，或者烟熏妆"。两人一同离开时，客厅里的迪马吉奥转头对玛丽莲说了一句"再见"。随后，斯奈德护送玛丽莲出了门。

　　一踏出门口，玛丽莲的妆容就引起了轰动。记者们从各个角落提出问题，玛丽莲没有做出正面回应，她只是不断抽泣："对不起……我无话可说。"斯奈德护送她坐进轿车的后座。半个小时后，迪马吉奥才从房子里出来。当记者问他要去哪里时，他回答说："我要回海湾上的城市。"他是指旧金山。

《七年之痒》的剧照。这部电影成就了玛丽
莲的经典银幕形象，却也毁掉了她的婚姻

新玛丽莲·梦露

　　玛丽莲提交离婚申请后，法官向玛丽莲核准了她的离婚判决，并告诉她，离婚手续将在一年内完成。玛丽莲马上打电话给辛纳特拉："我刚在日历上数日子，我嫁给迪马吉奥二百八十六天了。"

　　辛纳特拉此时正在玩一场危险的游戏：一方面，他充当玛丽莲的密友和护花使者；另一方面，他又是迪马吉奥的好兄弟，准备帮迪马吉奥挽回玛丽莲。辛纳特拉一边安慰玛丽莲，一边同意把自己的私人侦探巴尼·鲁迪茨基（Barney Ruditsky）借给迪马吉奥。为了帮助迪马吉奥，辛纳特拉同意鲁迪茨基跟踪玛丽莲，"拍她的丑事，特别是跟她在一起的男人"。

　　一天，迪马吉奥和辛纳特拉一同在餐厅进餐。鲁迪茨基赶到了餐厅，他告诉迪马吉奥和辛纳特拉，玛丽莲在华林大道的一间公寓里与一个女人同居。两人听到后毫不惊讶，他们早就知道玛丽莲与一些女同性恋者的韵事，不过，这是一个可以威胁玛丽莲撤回离婚诉讼的把柄。

　　迪马吉奥说服辛纳特拉陪自己一起去看看玛丽莲到底在做什么，要是能拍到玛丽莲跟女人在一起的照片，他还可以让她妥协，忘掉离婚这件事。迪马吉奥说："玛丽莲可能不在乎裸照日历，但她的粉丝肯定无法容忍她陷入同性恋绯闻中。"

　　于是，1954年10月5日晚，好莱坞丑闻史上臭名昭著的大事件爆发了，这就是"错门突袭"事件。当晚，因为要"抓"玛丽莲，迪马吉奥和辛纳特拉坐车到了那间公寓。辛纳特拉后来说，他坐在车里等着，其他人冲了进去，但目击者的说法正好相反——鲁迪茨基和他的同伴们鱼贯而入，包括迪马吉奥和辛纳特拉。其中一个侦探带了把斧子，另一个扛起相机准备抓拍里面的

幽会场景。

门被砸开后，迪马吉奥带着"侦探大队"闯入房间，一个侦探朝床上打了闪光灯，惊醒了睡梦中的人。然而，躺在床上的并不是玛丽莲和她的女朋友，而是已经50岁的弗洛伦斯·科茨（Florence Kotz）。她回忆说，当时她以为家里进来了一伙强盗，惊声尖叫了起来。当辛纳特拉打开灯后，"我简直不敢相信自己的眼睛。在周围的一群男人中，我认出了弗兰克·辛纳特拉和乔·迪马吉奥，他们俩在美国特别有名"。

迪马吉奥和他的"部下们"显然闯错了门。玛丽莲和哈尔·谢弗（Hal Schaefer）住在楼上的公寓，公寓是她的女性朋友希拉·斯图尔特（Sheila Stewart）的。听到吵闹声，玛丽莲和谢弗一起从后门溜了。

谢弗是好莱坞的一流声乐教练，也是玛丽莲少数几个公开的恋人之一，两人的恋情持续了很长时间。他跟玛丽莲在《绅士喜爱金发女郎》中有过合作，玛丽莲最受欢迎的单曲《钻石是女孩最好的朋友》就出自他的手笔。

警察闻风赶到时，"强盗们"已经回到了卡普里别墅酒店。在警局的记录里，弗洛伦斯·科茨公寓的突袭事件被记录成盗窃未遂案件。因为辛纳特拉的参与，科茨要求20万美金的赔偿，辛纳特拉的律师最后用7500美金私下处理了这起充满戏剧性的事件。

记者得知此事，采访了辛纳特拉，他愤怒地回应道："已经结案了！迪马吉奥那个吝啬鬼一分钱也不肯吐出来，明明是那个浑蛋出的主意！"

虽然离婚是玛丽莲主动提出来的，但真的分开后，她却有种再次被抛弃的孤独感。她试着联系斯坦利·基佛德——玛丽莲一直认为他是自己的亲生父亲。当时，基佛德刚迎来第三次婚姻，玛丽莲打电话过去时，他的新婚妻子接听了电话。虽然玛丽莲已经是世界上最有名的电影演员，但基佛德仍然拒绝接听她的电话。

第二天，玛丽莲的盆腔痛复发，痉挛向腿部蔓延，令她十分痛苦。她去看了医生，做了妇科检查。医生诊断后发现，她的子宫内膜异位，子宫腔内的内膜细胞由输卵管进入盆腔异位生长。

令所有人吃惊的是，离婚后的第十天，迪马吉奥开车载着玛丽莲去了洛杉矶的锡达斯黎巴嫩医院做妇科手术。在进行这个高难度的手术期间，迪马吉奥每天都在她的病房里点缀各色玫瑰。西德尼·斯科尔斯基曾采访玛丽莲，询问她与迪马吉奥离婚后的关系，玛丽莲说："在许多电影里，特别是爱情喜剧里，两个人一定会从此过上幸福生活——场景慢慢淡出，一个亲吻的镜头结束。我和迪马吉奥现在就像他们幸福地生活在一起之后。"

身体康复后，玛丽莲想要"逃离地狱般的好莱坞"，于是在 1954 年年末飞到了纽约，把人生和事业都交给了摄影师米尔顿·格林打理。玛丽莲很信任格林，她曾说："格林比我大不了多少。他有最甜美的棕色眼眸，就像年轻的约翰·加菲尔德（John Garfield）。"

两人是在 1949 年相识的，经常商量合作的事情。"格林是个热情的恋人。"玛丽莲告诉雪莉·温特斯，"但他更吸引时装模特，而不是像我这样的维纳斯女神。"玛丽莲也对丽娜·佩皮通提过格林："他倾尽全力想把我打造成时尚杂志模特，一个胖模特。他想把我打造成另一个艾米·格林（Amy Greene）——纽约的资深时尚模特。但他很快就放弃了。"那时，格林已经娶了艾米。

格林虽是一个小有名望的摄影师，不过和理查德·阿维顿（Richard Avedon）或者塞西尔·比顿（Cecil Beaton）比起来，还差一大截。但他也给许多名人拍过照片，像格蕾丝·凯利、弗兰克·辛纳特拉、玛琳·黛德丽、伊丽莎白·泰勒、奥黛丽·赫本（Audrey Hepburn）、朱迪·嘉兰和艾娃·加德纳。1953 年，《形象》杂志派格林去好莱坞给玛丽莲拍照，也就是那时，他们合作的梦想实现了，关系也更紧密了。

玛丽莲告诉格林，《绅士喜爱金发女郎》她只拿到了 1.8 万美金的酬劳，而和她一起出演的简·拉塞尔却拿到了 10 万美金。格林对玛丽莲说，她的每部影片都应该价值百万，福克斯电影公司不过是在利用她。

格林和妻子艾米住在康涅狄格州利奇菲尔德附近的农场，夫妻俩邀请玛丽莲去做客。玛丽莲原以为自己不会喜欢艾米，但没想到两人十分合拍。她

玛丽莲和米尔顿·格林。格林不仅为玛丽
莲拍摄了许多照片，还为她设计了新的形象

觉得艾米"像夜莺般娇小，可以说是纽约最小巧精致的时装模特，就像蛋糕一样甜美动人"。玛丽莲很喜欢格林夫妇的农场，几乎就要搬进去和他们一起住了。1954年的最后一天，格林夫妇去纽约参加跨年派对，而她则更愿意留在农场。出发前，玛丽莲对格林说："我不想只做个电影演员，我要做电影巨星。你一定会看到那一天的。"

格林建议说，她应该把自己和那些有名的男人、女人的故事写下来，包括杰克·肯尼迪。"等到你80岁时，我们出版你的回忆录时会需要这些。我向你保证，你可以提前拿到1200万美金。你按时写的日记，会记录下你的生活。"

商量了很久，格林和玛丽莲决定打造一个"新玛丽莲·梦露"。为了改变玛丽莲曾经的形象，格林特地为她更换了衣橱。"你穿得像个傻瓜……都是些破布衣服，没法体现你的阶层和品位。如果你想成为巨星，就要放弃这些随意的穿着，让自己看起来像奥黛丽·赫本那样高贵优雅，而不要像第八大道那些变戏法的妓女一样。"

格林让艾米带玛丽莲去第五大道购物，把她衣橱里的衣服全部换新，还给玛丽莲买了一件白貂皮大衣。拿到大衣后，玛丽莲说："我热爱每只为我这件大衣贡献皮毛的小动物。拥有它的第一个晚上，我就像与这些白色的小家伙睡在一起。"

米尔顿·格林还有一项"功劳"，那就是挤掉了娜塔莎。没错，娜塔莎在玛丽莲的生活和事业中都曾扮演重要的角色，但是现在，她是多余的了。事实上，早在《愿嫁金龟婿》的片场，出品人纽纳利·约翰逊（Nunnally Johnson）就曾愤怒地指责娜塔莎："那个同性恋女人会毁掉玛丽莲和迪马吉奥的婚姻，最终也会毁掉玛丽莲！"果然，他的前半句话成了现实，好在后半句话也应验之前，玛丽莲终于甩掉了娜塔莎，结束了这个女人对自己的漫长"统治"。

早前，在玛丽莲的要求下，福克斯电影公司把娜塔莎收归旗下。然而，玛丽莲长时间逗留纽约，娜塔莎迟迟收不到报酬支票，甚至到最后再也没有

下文了。福克斯的报酬是娜塔莎唯一的经济来源，因此，她陷入了绝望的境地。她给玛丽莲打电话、写信，但都没有得到回复。她一边大骂玛丽莲忘恩负义，一边开始对外授课，专教金发女郎——她们都渴望成为下一个玛丽莲·梦露。

玛丽莲回到加州后，始终和娜塔莎保持距离，并且拒绝接听她的电话。"我要重新开始，"玛丽莲对朋友说，"我不想再回忆与娜塔莎有关的往事。从今天起，我再也不是1948年那个走进她办公室的女孩了。"

娜塔莎的焦虑与日俱增，甚至开始跟踪玛丽莲。玛丽莲被逼无奈，只好求助律师欧文·斯坦（Irving Stein），斯坦让娜塔莎"离玛丽莲远点儿"。娜塔莎乞求斯坦道："我唯一的救星就是玛丽莲。她是我一手打造的明星。在片场，从来都是我为她出头，结果往往自己一人扛下所有的批评和诋毁。可是，我给她家里打电话，她竟然拒绝接听。自从我把她塑造成玛丽莲·梦露，我就觉得她是我的私有财产。如今我被病魔缠身，也没有积蓄，不得不完全依靠玛丽莲。让我跟她待半小时就好，我能让她改变主意。我知道我可以的。"斯坦拒绝了她的请求。

娜塔莎最后直接跑到了玛丽莲的家，开门的是米尔顿·格林，但他死活没让娜塔莎进屋。娜塔莎哭泣道："我得了癌症，快要死了。"格林回答："好的，我让玛丽莲送你1000美金，就当是告别礼物。现在请你出去！"娜塔莎失落地回到车里。当她抬头望向二楼的窗户时，发现玛丽莲正透过窗帘缝看着她。

1964年，玛丽莲离世两年后，娜塔莎搬到了罗马贫民区的一套小公寓里。由于病情加重，之后她乘火车去了瑞士的一家癌症诊所治疗，并在那里逝世。

女星变总裁

　　1955 年 1 月 5 日，"玛丽莲·梦露工作室"宣告成立，玛丽莲任总裁，她和格林已经准备好迎接来自各界的压力了。玛丽莲把头发染成了珍·哈露那样的铂金色，身穿白色的鼬皮大衣和软缎礼裙，璀璨耀眼，一在新闻发布会上亮相就收获了阵阵欢呼。在近百家媒体和数名摄影师面前，玛丽莲明确表示，作为演员，她希望自己以后能够得到严肃的对待，她也不再接那些"呆傻的花瓶角色"。如果是由陀思妥耶夫斯基的《卡拉马佐夫兄弟》（*The Brothers Karamazov*）之类改编的电影，她会考虑出演的。然而讽刺的是，她随后就出演了威廉·英奇（William Inge）的《巴士站》（*Bus Stop*），并在其中饰演愚笨无知的金发女郎切丽。

　　米尔顿·格林和玛琳·黛德丽是朋友，为了给玛丽莲造势，他邀请了黛德丽参加这次新闻发布会。黛德丽答应了格林的请求。这位"世上最魅力四射的祖母"竟然愿意站在年轻的玛丽莲身边让记者拍照，大大出乎了人们的意料。发布会结束后，黛德丽还邀请玛丽莲去她的住处。玛丽莲觉得黛德丽或许可以给自己一些好的建议。关于这次谈话，玛丽莲在自传《我的故事》（*My Story*）中写道："我年轻，金发，貌美，曾模仿玛琳·黛德丽沙哑的嗓音，我希望像她一样按照自己的意愿摇曳生姿、目中含情。虽然这些不能给我一份工作，但可以让我有许多爱慕者。"

　　玛丽莲后来回忆说，那天晚上，她躺在黛德丽的床上，枕着黛德丽的手臂睡着了，耳边还有轻柔的歌声回荡。

　　在好莱坞，福克斯的高管们，特别是达里尔·扎努克，被玛丽莲的发布会震惊了。公司的律师团声称，他们与这位金发女神的合同仍然有效，她

不能随意出现在由她的工作室独立制作的影片中，或者其他工作室的任何影片中。

在与福克斯高管的会议中，扎努克说："玛丽莲厌倦了愚蠢无知的金发女郎角色。她忘了告诉媒体，我正在筹备《示巴女王》（*The Queen of Sheba*）。我准备给她一个机会，让她可以与埃及艳后克利奥帕特拉以及特洛伊的海伦相提并论。性感、迷人、魅惑——观众还能要求什么呢？她迷人却邪恶的形象可能获得奥斯卡奖。《示巴女王》可以成为票房大赢家。"

然而，这部电影没能制作出来，但福克斯及时地拍摄了另一部讲述女性英雄的史诗巨制——《埃及艳后》（*Cleopatra*），由伊丽莎白·泰勒主演，而非玛丽莲。很快，在电影《惊凤攀龙》（*How to Be Very, Very Popular*）中，扎努克让纽纳利·约翰逊为玛丽莲量身定制了一个金发女郎的角色。约翰逊的剧本完成后，扎努克让他给玛丽莲一份复印件。玛丽莲发现自己饰演的居然是一个脱衣舞女，震惊之余，愤怒异常。一直以来，她都想要回避这类角色。她打电话给扎努克，拒绝接演。扎努克十分恼火，不愿给玛丽莲拍摄《七年之痒》的 10 万美金分红。

那段时间，玛丽莲几乎没有收入，格林不得不接济她。他认为，玛丽莲在纽约应该活得像个明星，所以把她安置在华尔道夫酒店，给她买了衣橱，以及一辆黑色雷鸟跑车，这样玛丽莲就可以开车到他的农场过周末。格林私下跟一些朋友说："等我们一起熬过这段时光，人们就会看到一个全新的玛丽莲·梦露。"

与此同时，在佛罗里达，迈克尔·托德（Michael Todd）决定在麦迪逊广场花园举办一场马戏团慈善表演，以资助关节炎与风湿病基金会，时间定在 1955 年 3 月。他希望慈善表演可以获得大众关注，最好能登上新闻头条，因而决定邀请一位一流影星骑着粉色的大象入场表演。起初，他提出让年老的梅·韦斯特（Mae West）成为大象背上的"乘客"。他曾与这位上了年纪的歌剧红伶一起工作过，那时是 1944 年 8 月，在曼哈顿舒伯特剧院。托德打电话给韦斯特，结果被拒绝了。"我不想做这种表演。为什么不找那个金发傻妞玛丽莲·梦露呢？在日历上放裸照都可以，她还有什么不能做……我是听说的。"

那天下午，托德给米尔顿·格林打了电话，格林同意了。托德认为，虽然玛丽莲远离了银幕，但她的支持者还是希望看到她的。"如果她同意，我可以保证，她与粉色大象的合照会出现在美国各大报纸的头版上。"事实上，精于包装的格林也正是看中了这一点才答应的。当天晚上，格林把这件事告诉了玛丽莲，她很感兴趣。"我小时候看过玛丽恩·戴维斯（Marion Davies）的《马戏之花》（*Polly of the Circus*），那时我就暗下决心，要演一部马戏电影。粉色的大象跟我以前想的不太一样，但我愿意试试。"回到佛罗里达，托德受邀于晚上 8 点在华尔道夫酒店与玛丽莲见面，直到第二天凌晨 4 点，他才离开。

次日，玛丽莲、格林以及作家兼摄影师斯坦利·米尔斯·哈格特（Stanley Mills Haggart）三人见了面。玛丽莲说："我从没见过像托德这样骄傲的人。"哈格特告诉她："我就知道他会喜欢你。我的朋友琼·布朗德尔（Joan Blondell）曾嫁给他，说他偏爱金发女郎，比如梅·韦斯特和伊夫林·凯耶斯。"玛丽莲看着哈格特苦笑道："好了，你现在可以在那个光荣榜上加上玛丽莲·梦露的名字。"同时，她偷偷告诉哈格特，托德希望她抛弃格林，"他想独自负责我的事业，我也认为他可以做得很好。他就像每个女孩心目中的父亲。"

"你要跟他走吗？"

"我有些怕他。他太狡诈了。而且，你的好兄弟阿瑟·米勒坚决反对。米勒对我而言，也是父亲般的情人。两个父亲般的情人，我可承受不了。"

麦迪逊广场花园的盛大活动按计划开幕了。在后台，玛丽莲见到了米尔顿·伯利（Milton Berle）。1948 年，两人曾在《热女郎》中合作过。接着，伯利隆重宣布玛丽莲登场："女士们、先生们、孩子们，下面有请世上唯一能让简·拉塞尔看起来像男孩的姑娘上场！"玛丽莲穿着白衬衣、黑绒裙，看起来就像穿着羽毛和亮片的芭蕾舞演员。她骑着那头粉色的大象，走向欢呼

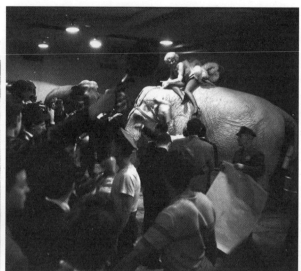

在麦迪逊广场花园表演的玛丽莲

的人群。

表演持续了二十分钟。上场前，一枚大头针扎在了玛丽莲的衣服上。但等她骑上大象光滑的背，锋利的大头针刺进皮肤，她才觉察到。她强忍着疼痛完成了表演。回到后台时，她的衣服已经沾了血。好在，她的表现非常出色，成了各大媒体的热门话题，可谓出尽了风头。她甚至黏上了那头粉色的大象："它不是傻，只是不能说话。"《时代》杂志报道说："不可否认，玛丽莲·梦露是个精明的生意人。"

玛丽莲对格林说："在好莱坞，我只是电影演员中的一个；但在纽约，我就像来自金星的奇特物种，所有人都向我发出了邀请。"

格林当然知道玛丽莲的魅力，否则他也不会不遗余力地包装这位性感女神。再次见证了玛丽莲无与伦比的公众知名度后，格林把杜鲁门·卡波特（Truman Capote）介绍给了玛丽莲。卡波特是好莱坞知名作家，也是传播八卦的好手。格林以聚会的名义邀请了卡波特，并直接把他带到了玛丽莲的住处。当时，玛丽莲正在浴室里洗泡泡浴。卡波特和她打了招呼。他的声音有些尖锐，带着孩子气的纤细和不自然，甚至有点儿"娘娘腔"，因而从小就被其他孩子排挤。他走路的方式也跟大多数男人不同。玛丽莲觉得他"永远被困在童年，仿佛拒绝成熟"。

卡波特自己后来也承认："我现在的说话方式跟四年级时一样。我慢慢长大，所有人都跟我妈妈说，我要是女孩就好了。我妈妈甚至带我去看心理医生，希望能够借助药物或者疗法，让我成为真正的男孩。虽然我举止奇怪，但我总得做我自己。"

在玛丽莲面前，卡波特充分展现了自己八卦的功力。他不仅知道玛丽莲和杰克·肯尼迪的关系，还知道她已经解雇了娜塔莎·里特斯。他准备给她介绍一个更合适的表演教练——英国演员康斯坦斯·柯莉儿（Constance Collier）。弗雷德·劳伦斯（Fred Lawrence）评价说："她跟卡波特总是很轻松。他们用密语随心所欲地讨论八卦。"

不久之后，卡波特决定带玛丽莲参加柯莉儿举行的午宴，据说午宴的宾

客有葛丽泰·嘉宝和凯瑟琳·赫本（Katharine Hepburn）等人。到达目的地后，柯莉儿的"秘书"——菲利斯·威尔伯恩（Phyllis Wilbourne）迎接了两人。柯莉儿身穿紫红色系带晚礼服，坐在破旧且褪色的天鹅绒红沙发软垫上，并向玛丽莲伸出纤细的手。卡波特为双方做了介绍。

在柯莉儿去世前几个星期，玛丽莲每个星期都会去她的住所两到三次，学习表演课程。两个女人由此变得亲密起来。后来玛丽莲说："柯莉儿打开了我这辈子都不曾打开的心门。"1955年4月，卡波特打电话告诉玛丽莲一个不幸的消息——柯莉儿去世了。玛丽莲非常伤心。

葬礼上，玛丽莲穿着黑衣，挽着卡波特，耐心地参加使她饱受折磨的仪式。卡波特说，她会"时不时摘下眼镜，擦去眼角涌出的泪水"。葬礼结束后，玛丽莲对卡波特说："我不喜欢葬礼。我不希望我的葬礼是这个样子的。如果是我，我觉得应该由我的孩子把我的骨灰慢慢撒落，如果以后我有孩子的话。"柯莉儿的"秘书"菲利斯·威尔伯恩也出席了葬礼。玛丽莲对菲利斯非常同情。得知赫本将收留菲利斯之后，玛丽莲非常欣慰。菲利斯在接下来的四十年里一直都是赫本的秘书。

在柯莉儿去世很久之后，卡波特公开了柯莉儿对玛丽莲的评价：

她真的是一个美丽的孩子。撇开世俗的眼光，我一点儿也不觉得她是一个演员。她的存在闪闪发光。这些珍贵的特点是舞台上看不到的，因为它们太微妙、太脆弱。她的绝妙只有相机能够记录。她就像是飞行中的蜂鸟，只有相机可以记录它的诗意。有些人认为她不过是另外一个哈罗、妓女或者其他什么，但他们都是愚昧的。我衷心盼望她能够走得更远，充分发挥自身的天赋。

新的表演教练

柯莉儿去世后，玛丽莲需要重新找一位表演教练。就在这时，保罗·比奇洛（Paul Bigelow）邀请她去参加晚宴，并安排她坐在制片人谢丽尔·克劳福德（Cheryl Crawford）的对面。谢丽尔是"1947年演员工作室"的创始人。演员工作室非常有名，李·斯特拉斯伯格（Lee Strasberg）是工作室的导演，蒙哥马利·克利夫特（Montgomery Clift）和马龙·白兰度都是工作室的早期成员。

晚宴上，玛丽莲告诉谢丽尔，说自己想成为一名真正的演员。谢丽尔对玛丽莲的真诚充满了好感。她邀请玛丽莲去演员工作室看看，或许会对其事业有所帮助。在华尔道夫大厦，谢丽尔为玛丽莲和李·斯特拉斯伯格做了引荐。大剧作家莫里斯·佐洛托（Maurice Zolotow）这样描述斯特拉斯伯格的外貌：

> 他看上去很平凡，脸颊有胡须暗茬，看起来总是黑黑的。他穿着一件深蓝色的衬衫，搭配着皱巴巴的西装，没系领带。他看起来像一个令人厌烦的小贩，或者说像药店的老板，或是濒临破产的熟食店老板。不过，一旦他开口讲话，立刻就变得不一样了。

李·斯特拉斯伯格的女儿苏珊·斯特拉斯伯格（Susan Strasberg）说："玛丽莲的到来对我们来说是把双刃剑。父亲旗下的明星发达了，父亲的知名度也提升了——或者说是声名狼藉。当他公开证实玛丽莲的才能时，他被别人骂成'头脑发热、笨蛋和投机主义者'。事实证明，我父亲冒的风险远多于

他得到的好处。"或许一开始时情况确实如此，但并不代表始终如此。如今，斯特拉斯伯格集团凭借玛丽莲的肖像权，每年进账几百万美金。

玛丽莲最喜爱的导演伊利亚·卡赞意识到了教练和明星之间这种微妙的关系，他指出："演员们会在斯特拉斯伯格的慷慨陈词面前表现得很谦虚。演员越是天真和不自信，斯特拉斯伯格的权力就越大。演员越是成功和出名，斯特拉斯伯格就越会被权力冲昏头脑。玛丽莲·梦露就是最典型的受害者。"斯特拉斯伯格的儿子约翰尼·斯特拉斯伯格（John Strasberg）也说："最大的悲剧是，有些人——在某种程度上甚至包括我的父亲——都在利用玛丽莲。当玛丽莲最需要爱护的时候，他们却把她特殊的生活和与众不同占为己有。"

从一开始，玛丽莲和斯特拉斯伯格的关系就很亲密，她亲昵地称他为"伊斯雷尔"。斯特拉斯伯格于 1901 年出生于奥匈帝国，伊斯雷尔正是他的乳名。作为"美国式表演的创始人"，斯特拉斯伯格在业界颇具影响力。

在中央公园西街 135 号的公寓里，玛丽莲和斯特拉斯伯格进行了深入的交谈。他让玛丽莲坐在壁炉前。火焰照亮了玛丽莲那张十分上镜的脸。他连续问了玛丽莲很多问题，并希望她在最短的时间内给出答案。谈话结束后，李对妻子宝拉·斯特拉斯伯格（Paula Strasberg）说："玛丽莲的潜质是无限的。"

专栏作家辛迪·亚当斯（Cindy Adams）这样形容李·斯特拉斯伯格对玛丽莲的感觉：

这种感觉如此强烈，甚至超越了逻辑。她承载了他儿时的梦想，是他幻想的女主人公的化身，是下东区一个穷苦的犹太人可以想象的所有事物的缩影。玛丽莲正是他努力寻找的女神，她也需要他的帮助。

从某种程度上来说，玛丽莲是在勾引斯特拉斯伯格。她在好莱坞多年，如果某些男人可以仰仗，她就会倾向于用性回报他们。玛丽莲对朋友格林和温特斯都说过类似的事。白兰度和苏珊也察觉到了玛丽莲的意图。尽管证据

上图是玛丽莲·梦露，
李·斯特拉斯伯格的女儿
苏珊和劳伦斯·奥利弗。
下图是斯特拉斯伯格一家。
玛丽莲十分信任斯特拉斯伯
格，对他的家人也充满好感

足够充分，玛丽莲自己也承认，但斯特拉斯伯格还是坚称，他不曾与玛丽莲发生过关系。他否认道："她不是我会爱上的类型。我爱的是像珍妮弗·琼斯（Jennifer Jones）那样的美丽黑发女孩。我爱玛丽莲吗？我不知道人们问这样的问题到底是什么用意，我只能说我很喜欢她而已。"

玛丽莲将加入演员工作室的消息一传出，外界的嘲讽便纷至沓来，而她和教练的密切关系也早就在工作室传开了。斯特拉斯伯格只字不提和玛丽莲有关的私生活，只是高度赞扬她作为一名演员的潜力——"当我看她的电影时，并没有什么深刻的印象，但见到她本人后，我觉得她并不是电影中的那样。她的内心和她表现出来的样子不同。这说明，作为一位演员，她是可以合作的。就像……她一直在等待按下按钮，打开装满黄金和珠宝的大门"。

撇开这些赞扬的话，斯特拉斯伯格在工作上对玛丽莲很严厉。他告诉玛丽莲："无论在舞台上还是在银幕上，只有努力和无数次的排练才能成就一个真正伟大的明星。"玛丽莲第一次到演员工作室上课时，温特斯陪在她身边。"她很紧张。走出大楼时她穿着一件破旧的大衣，看起来像是我的女仆。大街上的人们把她推到一边，向我索要签名。"温特斯说。

在工作室，玛丽莲不敢尝试任何一个镜头，只是看着其他演员表演。看到金发帅哥乔治·佩帕德（George Peppard）的表演时，她被吸引了。几个月后，得知不能和乔治合演《蒂凡尼的早餐》（*Breakfast at Tiffany's*），玛丽莲非常失落。"那个男人本来是属于我的，最后却落入奥黛丽·赫本手里。"

学习一段时间后，谢丽尔·克劳福德劝说玛丽莲在班上表演一段，并安排她和玛伦·斯塔普莱顿（Maureen Stapleton）搭档。为了使表演更具挑战性，玛伦和玛丽莲最终选了葛丽泰·嘉宝的第一部有声电影《安娜·克里斯蒂》（*Anna Christie*）中的一段。玛丽莲饰演妓女安娜，说着和嘉宝一样的台词——"给我一杯威士忌。把姜汁汽水放一边，不要那么小气"。玛伦则饰演一位堕落的老妓女。当天，玛丽莲和斯特拉斯伯格还特意邀请了嘉宝来观看表演。嘉宝乔装打扮，在灯光变暗时进入了礼堂，又在灯光即将亮起时离开了。因此，除了邀请者，几乎没有人注意到这位大明星。

尽管由于紧张，玛丽莲推迟了表演，但看完玛丽莲的表演，谢丽尔·克劳福德赞扬道："她成功了。她的表演引人注目，感情也在逐渐投入。"诺曼·梅勒（Norman Mailer）评价："她能表现除了生气外的任何情绪。面对暴力，嘉宝没能表现出痛苦，而玛丽莲却能表现出身体所遭受的痛楚。即使她的反抗在人际交往中随处可见，但不会出现在她对艺术的追求上。"总之，玛丽莲的表演得到了包括斯特拉斯伯格和金·斯坦利（Kim Stanley）在内的其他演员的赞扬，只有玛丽莲自己觉得不满意。

　　第二天，斯特拉斯伯格在工作室再次表扬了玛丽莲："她有卓越而神圣的灵敏。这种灵敏经受了童年不幸的经历，以及其他我听到的事情。这种灵敏在她身上鲜活地存在着。她从小便失去了父亲，不过未来几个月里，我希望她能找到可以胜任这个角色的人。"在关于玛丽莲的公开声明中，斯特拉斯伯格亦是不吝赞美之词："她被神秘的火焰所吞没，就像人们在《最后的晚餐》（*The Last Supper*）中看到的耶稣周围的光环。这种伟大的光环正围绕着玛丽莲。"

　　到目前为止，只有斯特拉斯伯格把玛丽莲比作耶稣。随着时间的流逝，玛丽莲越来越依赖斯特拉斯伯格。她邀请他到好莱坞，帮助她拍摄日后的影片。玛丽莲说，他可以指出她的任何错误，甚至可以推翻导演的意见。但斯特拉斯伯格因为要管理演员工作室，拒绝了玛丽莲的邀请，他的妻子宝拉·斯特拉斯伯格自愿代替他前往好莱坞。因此，宝拉成了玛丽莲的新表演指导，周薪为 1500 美金。后来，阿瑟·米勒评价宝拉和玛丽莲的关系时曾说："如果没有宝拉，玛丽莲会感到失落。实际上，宝拉就像玛丽莲的母亲一样。有这样一位母亲，玛丽莲听到的肯定都是溢美之词。"

表演是一种转化的艺术。它使你进入了其他
人的世界，这能够增长自我的人生和阅历，
因此我一直热爱表演，并且真的愿意下功夫
钻研。和契诃夫学过表演之后，对我来说，
表演不只是职业，也成了某种信仰。

Part 04

彩 虹 之 巅

不做王妃做新娘

1955 年 3 月 24 日，田纳西·威廉斯的《热铁皮屋顶上的猫》（*Cat on a Hot Tin Roof*）在百老汇开演，玛丽莲和华尔特·温切尔一同参加了首映之夜。她被迷住了，温切尔说："她把自己想象成了女主角玛姬。"玛丽莲告诉朋友们："如今许多出色的女性角色都来自男同性恋作家笔下。"演出结束后，两人参加了演员聚会，聚会安排在格雷西大厦，这是纽约市长的官邸。玛丽莲穿着紧身的金色网格礼服高调亮相，风头之盛甚至盖过了新婚夫妇——艾迪·费舍（Eddie Fisher）和黛比·雷诺斯（Debbie Reynolds）。这对知名的"美国甜心"夫妇当时正在度蜜月。

黛比对玛丽莲彬彬有礼，但玛丽莲对费舍更感兴趣。费舍是迈克尔·托德最好的朋友，玛丽莲自然而然地和他聊起了麦迪逊广场花园的"粉色大象表演"，而黛比忙着和朋友们打招呼，丝毫没有意识到，她给丈夫和玛丽莲创造了多么好的机会。几年后，玛丽莲向温切尔吹嘘："在伊丽莎白·泰勒和她的两任丈夫——迈克尔·托德和艾迪·费舍结婚前，我就已经与他们交往过了。"

田纳西·威廉斯一直独自坐在角落里。玛丽莲走过去，祝贺他写了一部极其出色的剧。"这剧简直是为金发美女量身定做的。"她在暗示自己很适合饰演玛姬，两个星期后，两人还一起吃了晚餐。玛丽莲明确提出，希望自己能出演电影版《热铁皮屋顶上的猫》中的女主角，虽然她听说制片方似乎属意伊丽莎白·泰勒。威廉斯答应帮她说好话，可惜她最终还是没能得到这个角色。她对白兰度感叹道："我以为威廉斯很中意我。结果呢，玛姬的角色还是落到伊丽莎白·泰勒手里。只能怪我运气不好。我演的都是金发女郎的喜剧角色，而泰勒出演的总是情节曲折的电影。好莱坞呀好莱坞！"

为了调整情绪，玛丽莲去了白兰度的片场探班。她告诉白兰度和卡洛·菲奥里，自己面对生活的唯一方式就是大量服用安眠药。"就算到了凌晨3点，我也要服下安眠药才能睡着，而6点钟，我就必须起床去工作室了。"为了保持清醒，她需要再吃一些兴奋剂。她承认，过度饮酒、大量吃药都是因为恐惧，不仅害怕面对镜头，也害怕面对新的一天。她经常一坐就是几个小时，呆呆地望着窗外，偶尔还会扯自己的头发。她说："有时我会感到恶心，但什么都吐不出来。"她去拜访精神医生玛格丽特·霍恩贝格（Margaret Hohenberg）时说："白天我需要通过和你聊天来度过，晚上则依赖安眠药和伏特加。我发现越来越难把自己变成玛丽莲·梦露，公众希望我永远是玛丽莲·梦露，但我不是。我可以选择不伪装，但没有人要那样的我。他们只是想让我成为玛丽莲·梦露，没有别的了。"

与此同时，希腊船王亚里士多德·奥纳西斯（Aristotle Onassis）正在和摩纳哥的兰尼埃（Rainier）商量如何把摩纳哥打造成"极致乐土"。奥纳西斯建议，王子可以和一位电影皇后结婚，这样就能得到全世界的关注，并且吸引那些富裕的美国人来摩纳哥。实际上，这个想法来源于小加德纳·考尔斯（Gardner Cowles, Jr.）——《形象》杂志的创办者兼发行人。王子采纳了这个建议，但人选成了新的问题。奥纳西斯认为，葛丽泰·嘉宝名气足够大，但已经退休，不适合了，而当红的金发女神玛丽莲·梦露是第一人选。

当时，玛丽莲正在华盛顿五月花酒店的套房里和杰克·肯尼迪幽会。离开华盛顿后，她接到了奥纳西斯的电话。奥纳西斯邀请玛丽莲到卡莱尔酒店的套房共进晚餐。就餐时，奥纳西斯告诉玛丽莲，如果她能嫁给摩纳哥王子，她就会成为"玛丽莲王妃"。他愿意创造一个机会，让玛丽莲和王子见个面。

飞回洛杉矶的路上，玛丽莲满心幻想着她的童话王国。奥纳西斯安排她和王子在比弗利山庄共度了周末，没有人知道那个周末具体发生了什么，总之结果是玛丽莲没有等到王子的求婚——他选择了格蕾丝·凯利。王妃梦就这样落空了，这让本就失意的玛丽莲感到更加没有着落。

事实上，这个结果并不意外。玛丽莲不是天主教徒，还结过两次婚，对做王妃来说，条件显然不合格。1961 年，摩纳哥王子夫妇访问美国，杰克·肯尼迪夫妇在白宫设宴款待他们。当时，杰奎琳说起兰尼埃王子在选妃时曾考虑过玛丽莲，格蕾丝回应道："他觉得她很恶心，我们不会让摩纳哥沦为赌城和妓院的。"事实上，兰尼埃王子曾告诉奥纳西斯："我爱上了格蕾丝·凯利。她的高雅和美丽颇有王后风范。但是，我也想继续跟玛丽莲交往。也就是说，凯利做我的妻子，而玛丽莲可以做我的情人。"

当然，玛丽莲和摩纳哥王子的事并没有下文。两个星期后，她接到了米勒的电话。她不知道他是怎么弄到自己的号码的，不过这不重要，重要的是，他的电话就像一根火柴，使她灰白的生活总算有了一点儿亮色。

玛丽莲和米勒是旧识，早在几年前，两人就交往过，有段时间常常通信。玛丽莲曾在信中写道："大多数人都赞美父亲，但我从小就没有父亲。我需要一个人让我崇拜，就像我崇拜林肯一样。"得知玛丽莲喜欢林肯，米勒建议她读一读卡尔·桑德堡（Carl Sandburg）对暗杀总统的研究。在下一封信中，玛丽莲更直接地告诉米勒："我已经认定你是我的男人，是我做梦都想找到但一直没找到的男人。"米勒在回信中写道："相信我，玛丽莲，其实我不是你想象的那样，我也不是女人理想中的男人。"玛丽莲回信说："这样更好，这就意味着我能轻易地赶走为数不多的竞争者呀。"

米勒当然也迷恋着玛丽莲，他曾劝她："如果你花费太多的时间在精神分析师的诊断上，你的创意火花就会被熄灭。这些创意是成就了玛丽莲的东西。那些诊断可能会窃取你灵魂的魅力，可能会让你的生活沉闷、无聊，甚至会毁掉你独有的魔力。你用两只左脚走路很精彩，但如果你用一只左脚或者一只右脚的话，观众就不会再看你的电影了。"不得不说，这些观点非常中肯，后来导演比利·怀尔德也或多或少表达过类似的观点。

玛丽莲告诉米勒，只需要一个电话，她就会赶到他身边。但为了在好莱坞燃起一把文学之火，米勒始终没有给玛丽莲打电话，也不再去找她。多年没有联系，再次遇到米勒，是在这年春天布鲁克林高地公寓的聚会上。玛丽莲交往过很多男人，但对米勒的印象尤其深刻，因为她认为他有林肯的气质——玛丽莲很是迷恋亚伯拉罕·林肯，床边还挂着一张他的画像。当时，米勒和妻子玛丽·斯莱特里（Mary Slattery）的婚姻已经濒临破裂。玛丽莲旁敲侧击地打听他的感情问题，米勒叹息道："没有什么事情是永恒的，婚姻也一样。"从卡赞口中，玛丽莲得知米勒打算和玛丽离婚，她原本满心期待米勒会回来找自己，然而，他却没有任何行动。回家的路上，玛丽莲忍不住抱怨道："这个该死的浑蛋！竟然没有问我要电话号码。"

因此，再次接到米勒的电话，玛丽莲兴奋得几乎睡不着觉，王妃梦破碎带来的沮丧和失落也一扫而光。不得不承认，玛丽莲是个极度脆弱但又无比乐观的女人。她告诉温特斯和白兰度："米勒正是我一直寻找的、神秘的父辈级情人。""如果我只是个花瓶，米勒也不会爱上我。他很尊重我，还说我有知识分子的气质。"玛丽莲的好友说米勒满脸皱纹，还长了一张大宽脸，绝对算不上美男子，但玛丽莲不在意。"我选择的不一定是帅气的男人，我的男人不需要漂亮。我的第一任丈夫詹姆斯·多尔蒂就不好看，约翰尼·海德也不帅。"

玛丽莲一直很崇拜
亚伯拉罕·林肯

　　米勒和玛丽莲的感情不断升温，不过，米勒不喜欢玛丽莲的导师李·斯特拉斯伯格。他告诉玛丽莲，她拥有大明星的潜质，而斯特拉斯伯格会干涉这一切。但是，玛丽莲确实需要斯特拉斯伯格的指导。

　　随后，玛丽莲从华尔道夫大厦搬到了一所公寓里，米勒成了那儿的常客。媒体得到消息，纷纷捕风捉影。有一次，玛丽莲被《纽约日报》的记者逼问得束手无策，只能回应道："你一定是在开玩笑吧！阿瑟·米勒是已婚男人。我可以告诉你，我不和已婚男人约会。"但她私底下告诉丽娜·佩皮通："我准备在纽约多待一阵子。米勒让我的生活变得不同了——越来越好。他就是我一直要找的人。"面对记者，米勒始终三缄其口，然而有一次，他却一反常态地告诉《时代》的记者罗伯特·阿杰米恩（Robert Ajemian）："她是我可以想象的最有女人味儿的女人。要是能和她在一起，我就算是死了也值得。对任何一个男人来说，她都是个挑战。在她面前，很多男人都会露出本来面目，骗子会更加猖狂，困惑的人会更加困惑，胆小的人也会更加胆小。她就像一个天然磁石，把男人的本性都吸引出来了。"

　　到了 1956 年，米勒和玛丽莲的绯闻已经不是什么新闻了。一家小报称他们是"天才和裸体维纳斯"。一位杂志写手称："这个时代的海报女郎要和这个国家最有才的剧作家结合，这简直荒谬可笑。"《纽约邮报》更乐意将这对情侣称作"美国最具有代表性的身体与智慧的结合"。玛丽莲告诉演员工作室的朋友们："我们会有全美最厉害的宝宝——综合我的美貌和他的智慧，孩子们怎么会有问题呢？"

　　但是，在走向婚姻殿堂的路上，两人遇到了麻烦。当年 6 月，麦卡锡时代的"红色恐怖"达到最高峰，米勒也被卷入其中。他收到了非美活动调查委员会的传唤。委员会名义上是要处理米勒的护照问题，但米勒心里清楚，支持保守党的立法人员将不遗余力地把他跟 20 世纪 40 年代初期的任何共产主义组织联系在一起，他将被要求供出"共产主义同志"。

　　为了能够继续自己的创作事业，米勒曾想过和委员会合作，但玛丽莲成功说服了他。作为好莱坞的作家，日子并不好过，玛丽莲不想让两人的生活

玛丽莲和米勒的婚姻备受肯定，外界称之为
"美国最具有代表性的身体与智慧的结合"

再雪上加霜了。因此，在听证会上，米勒在共产主义问题上避重就轻、含糊其词，但却做了一个十分大胆而明智的决定——他向全世界宣布，他将要和玛丽莲·梦露结婚！面对着突如其来的爆炸性消息，玛丽莲当然很生气，因为"他没求婚就敢口出狂言"，而且，她还没想好要不要结婚，毕竟她对自己目前的状态还算满足。不过，第二天，也就是 1956 年 6 月 22 日，她就改变了主意，并召开了新闻发布会，宣布自己即将迎来第三次婚姻。

6 月 29 日，在法官西摩·诺比纳维茨（Seymour Rabinowitz）的见证下，两人在韦斯特切斯特县法院举行了简短的结婚仪式。7 月 1 日，两人又举办了犹太风俗的婚礼，只邀请了家人和为数不多的朋友，其中包括米尔顿·格林和斯特拉斯伯格夫妇。早前玛丽莲已经宣布皈依犹太教，粉丝们对此大吃一惊，但玛丽莲却深感自豪。犹太教教士戈德堡给了她犹太教训言。这位拉比^①被她迷得神魂颠倒。另外，他还要求她带上一份《律法书》^②，在蜜月期间仔细研读。仪式设在米勒的文稿代理人凯·布朗（Kay Brown）家中，戈德堡主持了仪式。玛丽莲身着绚烂的香槟色雪纺裙，手持一束紫色玫瑰。两人互换了卡地亚婚戒。

媒体竞相报道两人的婚礼，一幅幅的版面仿佛汇聚成了汪洋大海，轰动程度仅次于已退位的爱德华三世（Edward III）迎娶寡妇华里丝·辛普森（Wallis Simpson）。玛丽莲对这次婚姻满怀期待，她在结婚照背面潦草地写下"希望！希望！希望"！

然而，福克斯时任主席斯派罗斯·斯库拉斯没有送上祝福，而是表达了自己的不安。当时，为了逼问出"共产主义同志"，委员会只好控诉米勒蔑视国会。斯库拉斯担心"爱国"的粉丝们会因为米勒的缘故，抵制玛丽莲以后的作品。事实上，米勒的案子也确实给玛丽莲带来了不少负面影响。1957 年

①拉比：犹太人中的一个特别阶层，担任犹太人社团或犹太教教会精神领袖或在犹太经学院中传授犹太教教义。
②《律法书》：《旧约》前五卷的总称，犹太教经典中最重要的部分。

7月19日，法官宣判国会有权要求米勒供出他所知道的共产主义者，否则，米勒将因藐视国会而面临500美金的罚金以及一个月的监禁。米勒的律师不断上诉，直到1958年8月，美国最高法院才撤销对米勒的控诉。

刚刚步入婚姻的米勒夫妇

起初，米勒夫妇非常幸福，可惜这幸福没有维持多久

再出发：从美国到英国

时间回到 1955 年下半年，玛丽莲还在和米勒热恋。那一年最后几个月，她收拾东西回了洛杉矶。她觉得自己比以往更有力量了，她对未来充满了信心，尽管还是无法摆脱不安全感。她带着 5 万美金的债务准备再次出发。

当时，福克斯电影公司的老板达里尔·扎努克卸任了，接任的是巴迪·艾德勒（Buddy Adler）。这位满头银发的董事长十分看好玛丽莲，认为她肯定能出类拔萃。她和福克斯签订了新的合同。福克斯几乎给玛丽莲开了个天大的先例，因为更新后的合同里规定，她可以对导演的人选发表意见，并且她将只和合同里列出的十六位知名导演合作，包括比利·怀尔德、弗雷德·金尼曼、伊利亚·卡赞、卡罗尔·里德（Carol Reed）、大卫·里恩（David Lean）、约翰·休斯顿等。

玛丽莲开始拍摄《巴士站》，公司同意提前支付给她 15 万美金的薪水。除了片酬，她还把《恶魔的号角》（*Horns of the Devil*）的版权卖给了福克斯电影公司——这个剧本是之前她和米尔顿·格林买下的。有了这笔钱，她和格林又买下了泰伦斯·拉提根（Terence Rattigan）的喜剧《沉睡的王子》（*The Sleeping Prince*）的版权。

其实，对于《巴士站》的男主角人选，玛丽莲一直都有些意见。早在影片筹备初期，她就希望能和蒙哥马利·克利夫特合作——1951 年，由他和伊丽莎白·泰勒、雪莉·温特斯共同主演的《郎心如铁》（*A Place in the Sun*）获得了巨大的成功。玛丽莲一直很喜欢那部电影，尤其是对电影中的克利夫特很着迷。她总是幻想着自己能够和克利夫特一起出现在银幕上。玛丽莲打电话给《巴士站》的导演乔舒亚·洛根（Joshua Logan）："我在《红河》（*Red*

River）中看到了克利夫特的表演。你也知道，克利夫特在里面演的是一名牛仔，非常出色。我觉得让他跟我合拍《巴士站》肯定也不错。答应我，至少试着和他谈谈好吗？"但是，好莱坞都不看好克利夫特和玛丽莲的合作。克利夫特的传记作家这样写道：

自20世纪50年代中期以来，没有哪个主流电影公司会用一个没有投保的明星。玛丽莲·梦露的情况比较特殊，算是一个例外。尽管她很有可能因服用安眠药而死，或者死在疗养院里，但不得不承认，她是好莱坞的一棵摇钱树。但是，蒙哥马利·克利夫特就没有同样的保证了。

乔舒亚·洛根和克利夫特很熟，为了卖玛丽莲一个面子，他邀请克利夫特共进午餐。克利夫特看上去紧张不安，情绪不太对。洛根告诉克利夫特，玛丽莲对他饰演的牛仔十分欣赏，还邀请他一起出演《巴士站》。但令洛根吃惊的是，克利夫特不仅拒绝了邀请，还表达了对玛丽莲的不屑："在我看来，她只是用来交易的商品。还有，我以后不会再演牛仔了。"不过讽刺的是，在后来的影片《乱点鸳鸯谱》（The Misfits）中，他还是和玛丽莲合作了。

尽管《巴士站》的男主角不是克利夫特有点儿可惜，但玛丽莲已经不在意了，现在的她无论是感情还是事业，都仿佛从低谷一下子走上了山顶。

然而，《巴士站》的拍摄如同一场灾难。开拍之初，剧组和董事们就因玛丽莲的形象产生了巨大的分歧，玛丽莲拒绝穿最初安排的演出服。她在服装室找了一件橙黄偏绿的伞裙，裙子上点缀着一些破烂的猴毛，还被跳蚤咬了个洞。导演认为这低俗极了。随后，见到金发的女配角霍普·兰格（Hope Langer）后，玛丽莲坚决要求把兰格的头发染黑，原因是"影片中已经有金发明星了"。另外，玛丽莲和两位男演员也闹得很不愉快。更糟糕的是，她在拍摄过程中得了支气管炎，耽误了影片的拍摄。

磕磕绊绊拍摄完《巴士站》后，玛丽莲开始着手准备《游龙戏凤》（The Prince and the Showgirl）的拍摄。影片是由《沉睡的王子》改编的，讲述了一

位拘谨、有教养的王子邂逅了一位性感、有魅力的歌舞女郎，最后拜倒在她的石榴裙下的故事。

　　玛丽莲原本希望理查德·伯顿（Richard Burton）来演王子，但伯顿已经有了片约。玛丽莲于是邀请劳伦斯·奥利弗（Laurence Olivier）出演王子——之前在英国，他和妻子费雯·丽（Vivien Leigh）曾合演过舞台版的《沉睡的王子》。奥利弗不仅同意了玛丽莲的邀请，还成了影片的导演。

　　影片开拍前，在纽约举行了新闻发布会。玛丽莲身穿暴露的礼服，与身穿正装的奥利弗形成了鲜明的对比，记者们把他们称为"最合拍的搭档"。玛丽莲的裙子有两条细细的肩带，其中一根在发言的时候断了，不知道是偶然还是人为设计的。记者朱迪斯·克里斯特（Judith Crist）冲上前去，给了她一个安全别针应急。

　　奥利弗似乎因为玛丽莲的抢镜而有些生气，他告诉摄影师："不要再拍腿了。"他实际上应该说："不要再拍胸了。"被记者问及玛丽莲是否性感时，奥利弗说："她有出众的天赋，可以一会儿像一个淘气的小东西，一会儿又显得天真无邪。观众们离开电影院时，往往分不清楚到底哪一个是真正的她，继而陷入一种兴奋的状态，观众一直十分享受这种感觉。"

　　《游龙戏凤》将在英国伦敦开拍。早在结婚前，米勒就打算陪玛丽莲一同前往英国，却因为"红色恐怖"耽误了不少时间。直到结婚后，他才拿到护照，但有效期只有六个月，听说杰克·肯尼迪插手了这件事。不管怎么说，结果还是不错的，米勒可以陪玛丽莲去英国了。但是在途中，他异常烦躁。他抱怨玛丽莲带了过多的行李——二十七件，确实非常多。而且，格林夫妇和斯特拉斯伯格夫妇也同行，比起玛丽莲的行李，米勒显然更讨厌这两对夫妇。用他自己的话说，他和玛丽莲就像"生活在金鱼缸里"。

　　1956 年 7 月 14 日，玛丽莲和米勒一行人抵达伦敦，《游龙戏凤》的男主角兼导演劳伦斯·奥利弗和其妻子费雯·丽在机场迎接了他们。为了防止混乱，警方出动了上百名警察，但依旧难以控制人群，许多相机被踩坏了，一位记者还被混乱的人群踩伤了。救护车急忙赶来，把他送进了最近的医院。

玛丽莲出发前往英国，拍摄电影《游龙戏凤》。劳伦斯·奥利弗
和其妻子费雯·丽热情地接待了她

这是玛丽莲第一次到英国，也是第一次踏上欧洲大陆。起初，英国媒体热烈赞美玛丽莲，《伦敦晚报》写道："她来了，真正的她就像草莓和冰激凌一般鲜嫩诱人！"然而没多久，赞美声就变成了批评声，事实上，从一开始就没有记者喜欢她那位阴郁的丈夫。媒体对米勒的评价非常糟糕，一位记者说他"像冰箱里的鱼一样冷……根本不像热恋中的丈夫，而像是皇家太平间的看护人"。

在奥利弗的安排下，玛丽莲一行人在摩尔爵士的乡村宅邸住下了。这座宅邸占地十英亩，毗邻温莎公园。说起来，玛丽莲和奥利弗还有一段短暂的情缘。他们是在好莱坞的一次晚会上认识的，而第一次正式幽会则是在松林工作室。只不过，两人很快就不欢而散了，用奥利弗自己的话说："她不介意让别人一直等她，也不关心她花的是谁的钱。我感觉她正处在精神崩溃的边缘。我的耐心已经被磨完了，我们应该把费雯·丽和玛丽莲·梦露送到同一家精神病院。我快要崩溃了。"——奥利弗的妻子费雯患有狂躁抑郁症，一直在接受治疗。玛丽莲对奥利弗自然也有意见，她曾告诉自己的女仆："他恨我，每次参加派对，我都会穿上紧身衣和低胸装。我本以为这样能帮他克服英国人性格中的拘谨，不过实际上没什么作用。他看着我的时候，仿佛看到了一条死鱼，好像我是一个麻风病人或者其他什么恶心的东西。他还违心地称赞'哦，多漂亮啊，亲爱的'。实际上他是想吐吧！"

不过，两人这次见面纯粹是为了合作，但不太顺利。奥利弗作为导演，却似乎谁都管不住。他和玛丽莲发生了冲突，玛丽莲嚷道："这部片子是我的，你也是我的，除非你不再担任导演。导演先生，请你记住，你是在为我工作！"有时，奥利弗苦口婆心地给玛丽莲提供参考意见，玛丽莲却回给他一个白眼，然后走向宝拉·斯特拉斯伯格。但在奥利弗看来，宝拉·斯特拉斯伯格对表演一无所知，清洁女工的水平都能赶上她。

当然，奥利弗不得不承认，宝拉比玛丽莲更难应付，因为她在控制玛丽莲。一天，他无意中听到宝拉告诉玛丽莲："亲爱的，你是人类历史上最性感的女人。每个人都知道，每个人也都承认，所以你也应该如此。你是这个时

代最伟大的女人，最伟大的，而且一直都是。你不用想任何人——甚至耶稣也不用想——我的意思是，耶稣也没你受欢迎。"奥利弗大吃一惊。他活了这么久，从来没听到过这般谄媚的称赞——"更糟糕的是，玛丽莲沉迷于她的字字句句，仿佛这些话是十诫①一样"。

奥利弗还说，玛丽莲刚到片场时，通常"看起来像《麦克白》片头的女巫一样，皮肤暗淡、头发凌乱。不过从化妆间出来后，她就会变得光彩照人"。"她真的是人格分裂。她可以轻而易举将自己变为另一个完全不同的人。没人能搞清楚玛丽莲·梦露是谁，或许只是人们心中投射的幻象罢了。"

奥利弗和宝拉意见不合，他总是给玛丽莲提出与宝拉相反的指导意见。玛丽莲常会被弄糊涂，加上她经常服镇静剂，总是忘词。有一幕拍的是玛丽莲品尝鱼子酱，她的台词也很简单："哦，你这个可怜的王子。"但是，这一幕拍了足足两天，重复了不下三十场，用掉了二十罐鱼子酱。当玛丽莲要求得到更好的指导时，奥利弗告诉她："你只要表现得再性感一些就好。"

一天，玛丽莲和奥利弗又发生了分歧，她愤怒地跑出摄影棚，嚷嚷奥利弗对自己不尊重。回到更衣室，她立刻给在纽约的李·斯特拉斯伯格打电话，聊了三个小时，直到斯特拉斯伯格答应马上飞去伦敦。结果，斯特拉斯伯格到了松林工作室门口，奥利弗却给他吃了个闭门羹。斯特拉斯伯格只好私下约见玛丽莲，然而，看到虚弱的玛丽莲，他不但没有提供帮助，反而提出了一个离谱的要求：每个星期支付给宝拉 3000 美金，并且保证至少连续支付十个星期；如果加班，则应支付双倍报酬。因为很显然，玛丽莲非常依赖宝拉，这使得宝拉的工作很辛苦。

玛丽莲当时神志不清，迷迷糊糊就同意了。这是一笔不小的开支。米尔顿·格林听说后非常生气，他开始和宝拉争夺玛丽莲，这导致了他和玛丽莲的合作关系破裂。在这件事情上，米勒和格林持同样的观点，他认为宝拉是个"江湖骗子"。但是玛格丽特·霍恩贝格医生也从纽约飞到了伦敦，希望玛

①十诫：据《圣经》记载，这是上帝向以色列民族颁布的十条规定。

丽莲向"斯特拉斯伯格的合理要求"屈服。米勒得知后,指控霍恩贝格也参与了这场交易。

斯特拉斯伯格返回纽约之前,给了玛丽莲最后一个建议:"奥利弗一定会把事情搞砸的。解雇奥利弗吧,我可以让乔治·库克当导演。"对此,米勒、格林、宝拉也都表达了自己的观点,然而这只是在徒增玛丽莲的不安和烦恼。米勒告诉玛丽莲:"奥利弗和约翰·吉尔古德(John Gielgud)一样,都是臭名昭著的同性恋者。他就像女人一样,试图和你争风吃醋。"格林也夸大了对奥利弗的怀疑:"这个蹩脚演员至少 50 岁了。他做浪漫男一号的日子已经结束了。他化的妆比你还浓。他会坚持拍摄你最坏的一面,却展现自己最好的一面。他希望你表现得越糟糕越好。"宝拉则试图证明,奥利弗只是在自我陶醉。拍摄《呼啸山庄》(*Wuthering Heights*)时,奥利弗曾对导演说:"我太漂亮了,我只会嫉妒我自己。"宝拉牢牢抓住这一点,还把这话转述给了玛丽莲。

总之,比起影片拍摄本身,片场的人际关系更令玛丽莲头疼。一天下午,宝拉竟然直接对奥利弗说:"你的表演太矫揉造作了。"奥利弗气得给了她一个招牌性的白眼。好在,宝拉因为紧急事务不得不飞回纽约,片场总算得到了短暂的安宁,玛丽莲也多了一些空闲时间。

大多数时候,米勒都待在书房里,哪儿也不去,但偶尔会和奥利弗去伦敦西区观看最新的舞台剧,玛丽莲自然也有自己的私人娱乐。小萨米·戴维斯在《手提箱中的好莱坞》(*Hollywood in a Suitcase*)一书中回忆,那个夏天,"玛丽莲和我的一个好朋友有过一段恋情。他们在我家里见面。我们必须制订一系列计划,保证这件事秘密进行。我常常假装我们在办派对,安排玛丽莲和他不同时现身,也不同时离开"。佛罗里达州的议员乔治·史迈特(George Smathers)透露,戴维斯所说的"朋友"不是别人,正是杰克·肯尼迪。1956 年,在竞选副总统候选人时,杰克以三十票之差输给了对手。失落的杰克把怀孕的妻子杰奎琳独自留在美国,和史迈特、爱德华·肯尼迪(Edward)一起租了艘 42 英尺长的游艇,雇了一个船长和一个法国厨子,还带了一群金发美女去欧洲度假了。

不过，杰克·肯尼迪短暂休整后就回到了美国，继续投入紧张的竞选和演讲中。玛丽莲也回到了片场，继续面对乱糟糟的拍摄。一次，因为和奥利弗发生激烈的争执，她一连三天都没有露面。费雯去她的公寓看她，两人聊了很多，费雯甚至告诉玛丽莲，她曾在拍摄《象宫鸳劫》（*Elephant Walk*）时发生精神崩溃，希望借此安慰玛丽莲。但费雯似乎并不喜欢玛丽莲，她告诉好友奥斯瓦德·佛利文（Oswald Frewen）："这个女孩太粗俗了，绝对成不了大气候。"

女王的得与失

从玛丽莲到达英国的第一天起，记者们就日夜守在她的住处外，希望能够在第一时间得到劲爆的新闻。这天，玛丽莲迎来了一位特殊的访客，一个眼尖的记者立刻认出了那是英国女王的妇科医生。于是，"玛丽莲怀孕"的消息迅速占领了各类八卦小报。

当时，玛丽莲和米勒的关系每况愈下。在她拍戏期间，米勒曾飞回纽约照顾他生病的女儿。离开前，他把自己的日记留在了书房的桌子上。玛丽莲进去找东西时，无意中发现了这本日记，她忍不住翻开了。玛丽莲说，米勒在日记里写道，她伤了他的心。他说她是个麻烦的女人，还说"不值得为她付出那么多，我真是爱错了人"。事实上，这本日记是米勒故意留下的，他告诉包括斯坦利·米尔斯·哈格特在内的朋友们："我故意留下日记让她看。从我们结婚的第一天开始，我就知道这是一场灾难。我们真不该结婚。艺术家们不应该娶像玛丽莲·梦露这样的人。暧昧一段时间就足够了。"

不知情的玛丽莲很希望有个孩子，至少可以缓和一下婚姻关系。如今，她的愿望实现了，但她依然狂饮香槟，也没忘了服用药物。喝英式茶的时候，她会拿出随身携带的银质细颈瓶，向茶杯里倒很多杜松子酒。她还让人从纽约寄来治疗肥胖和精神沮丧的药片。她的情绪每天都要经历好几轮大起大落。总之，她完全没有意识到，这些事可能会对胎儿不利。

就在这时，宝拉回到了伦敦，和玛丽莲见面后，她就去找奥利弗。宝拉质问奥利弗，是否趁她不在的这段时间随意辱骂玛丽莲。奥利弗说："你已经毁了这部电影，你还想毁掉什么？"随后，米勒也回来了。但当天晚上他就告诉玛丽莲，奥利弗邀他去伦敦西区看剧，留下玛丽莲一人在家。第二天，玛丽莲告诉米勒自己怀孕了，希望借此和米勒和解。然而米勒却问道：“孩子的父亲是谁？”两人的关系不但没有缓和，反而更加紧张了。

尽管《游龙戏凤》的拍摄不太顺利，和丈夫的感情也出现了裂痕，但英国之行对玛丽莲而言，绝对是人生最亮丽的风景，因为她受到了英国女王伊丽莎白二世（Elizabeth II）的接见。

那是 1956 年 10 月，反映 "二战" 的经典电影《血拼大西洋》（*Graf Spee*）首映，得知伊丽莎白女王将要前往首映礼，玛丽莲激动得不知所措。去首映礼之前，奥利弗就告诉玛丽莲，觐见女王衣着要得体，不能过分暴露。玛丽莲穿了一件金色的晚礼服，并按照奥利弗教她的那样行了屈膝礼。在女王面前，她始终保持着矜持的微笑，和平时的她判若两人。

玛丽莲后来说："见到女王是我经历过最兴奋的事情了。我激动得不知道该说什么，只是行了屈膝礼，结果失去了平衡，差点儿跌倒。"回到好莱坞后，她告诉彼特·劳福德和珍妮·卡门："让我们面对现实吧——好莱坞女王见到了英格兰女王！"

与伊丽莎白女王握手的梦露

伊丽莎白女王和玛丽莲进行了简短的交流，还把玛丽莲引荐给了菲利普亲王（The Prince Philip）。第二天，玛丽莲就对宝拉说："我孩子的父亲是菲利普亲王。我知道他是一个男孩。如果爱尔兰恐怖分子消灭了女王的家族，他或许会成为英格兰国王。"

宝拉越来越担心玛丽莲，她告诉丈夫和女儿："玛丽莲有妄想症，至少我是这么认为的。她告诉我，菲利普亲王对她承诺，会和伊丽莎白女王离婚，然后和她结婚。当然，我也知道，像杰克·肯尼迪这样的男人，为了和玛丽莲上床，什么都会说，什么都敢承诺。或许菲利普一时冲动，确实对她说了那样的话，当然或许什么也没说。更有可能的是，他根本没有和玛丽莲有过来往，这些都是玛丽莲臆想出来的。"

一次拍摄间歇，玛丽莲给马龙·白兰度发了一封电报。"这么多的男人，这么少的时间。我爱伦敦。这里的男人跟米勒不一样，他们显然更出众。"白兰度向他最亲密的朋友卡洛·菲奥里展示了这封电报，并说道："哪个蜜月中的女人会写这么奇怪的信？米勒显然不适合她。"

玛丽莲和米勒离开伦敦前，奥利弗夫妇到机场为他们送行。飞机起飞后，奥利弗对费雯说："终于摆脱这个女人了！"第二天，奥利弗给朋友打电话时直言不讳地说："我讨厌这个金发女人。只有相机对着她，她才会表演。她非常不讲卫生，还是一个自私、轻佻、放荡的女人，不过是靠着无数男人才上位的。在记者面前，我们只是装装样子——仅此而已。我跟玛丽莲完了。这部片子就是一场灾难！也只有在好莱坞，玛丽莲这样的人才有机会跟我奥利弗合作。我这么说已经算是客气的了！"

飞机降落在艾德威尔机场。怀孕的玛丽莲身穿黑色香奈儿裙子和貂皮外套走下舷梯，显得格外耀眼。她告诉彼特·劳福德："我们的婚姻在蜜月时就结束了。"不过事实上，她和米勒的婚姻持续到了1960年年初。

从伦敦回来后，米勒一直跟奥利弗保持着联系，这段友谊最终转化为事业上的互相支持。但是，米勒依旧猛烈抨击宝拉和斯特拉斯伯格"恶毒且没有思想"，又指责玛丽莲和他们的关系就像"宗教依赖"，导致玛丽莲和他们的关系日渐紧张。米勒也攻击格林，指责他在伦敦买了许多古玩运回康涅狄格州，还把账记在玛丽莲·梦露工作室头上。

米勒和格林的矛盾直接导致了玛丽莲和格林合作的终结，尽管在伦敦时，玛丽莲就已经产生了和格林分道扬镳的念头。她告诉斯坦利·米尔斯："他已经没有价值了，我想摆脱他。我得想个办法，让他不会因此起诉我。"格林则认为，这都是因为米勒。"他想独占玛丽莲。他想要她为他工作，演他写的那些枯燥的剧本。"几个月后，玛丽莲甩给格林10万美金作为补偿。

1956年8月31日，《巴士站》上映了。这是玛丽莲的第二十四部电影，很多评论家认为，这是她最出色的一部作品。尽管先前摩擦重重，但在成功和褒扬面前，导演洛根对媒体说："如果她能够学会控制情绪，并且好好调理身体，她将成为我们见过的最有成就的演员之一。"

和那些凭借演技获得成功的女星不同，玛丽莲不是在用技巧演戏，而是在用"自己"演戏。因此，她才能够将Chérie饰演得惟妙惟肖。粉丝们爱极了Chérie，也爱极了玛丽莲。专栏作家希拉·格雷厄姆（Sheilah Graham）对玛丽莲赞不绝口。《纽约时报》的波斯利·克劳瑟评论道，她已经打破了自己一贯的台风，"以前的她走起来总是摇曳生姿，生气了就噘嘴、瞪大眼睛，装出一副勾引人的模样。乔舒亚·洛根把她塑造成一位蓬头垢面的酒吧女，皮肤看上去像得了病，而且还有口音。影片中，她是一名华而不实的放荡女子、一个没脑子的玩偶，只会在夜店里跟同样没脑子的牛仔们打情骂俏。但是，也是洛根，把她塑造得可悲又感人，从而让她燃起了自尊的火焰"。

当然，就像最优秀的电影也免不了遭受批判一样，玛丽莲也不得不面临一些负面的谴责。有位影评人严厉地批评了玛丽莲，认为在这部影片中，她的魅力值降到了历史最低点。"她那蓝色的大眼睛像被切掉了一个口子；她那又软又黄的头发一看就是假的，跟橡树刨花一样又弹又卷；她的嗓音就像利物浦人拙劣地模仿秀兰·邓波儿（Shirley Temple），给人一种淡淡的哀怨。"甚至连米勒也对她的表演持批判态度，他把这部影片称作"一场滑稽的表演"。

但毋庸置疑，玛丽莲通过《巴士站》完成了演艺事业的一次飞跃。她是

《巴士站》的剧照。凭借这部电影，玛丽莲的演技得到了大众的认可

名副其实的性感女神，也是名副其实的好莱坞女王。如果说这部影片还有什么遗憾，那就是没有获得奥斯卡奖。

猫王埃尔维斯·普雷斯利（Elvis Presley）看了《巴士站》后，为自己没能出演牛仔而感到失落，他对朋友们说："那个角色太适合我了。可惜我没能参演，却拍了《我爱你》（Loving You）这么个垃圾片！"——他和玛丽莲有过一夜情，就在 1956 年的某天晚上，他委托一位名叫拜伦·拉斐尔（Byron Raphael）的经纪人邀请玛丽莲到了自己下榻的酒店。

拉斐尔回忆说，玛丽莲和埃尔维斯在客厅的沙发上坐了几分钟就进了卧室，他则一直待在客厅里等着送玛丽莲回家，结果不小心睡着了。当他醒来时，吃惊地发现玛丽莲和埃尔维斯一丝不挂地从卧室走出来。他不知所措地从埃尔维斯的套房里"逃了出来"。玛丽莲的好友雪莉·温特斯也证实了这件事，她透露说，玛丽莲和埃尔维斯后来发展成时断时续的关系，并且一直到埃尔维斯前往德国服役。他曾问过玛丽莲为什么要和埃尔维斯约会，玛丽莲回答说："除了我，他是好莱坞最有名的人了。我怎么能拒绝呢？我不觉得爱因斯坦有多棒，但如果他向我发出邀请，我也会飞奔过去的。"埃尔维斯最好的朋友尼克·亚当斯（Nick Adams）则说："埃尔维斯从未真正喜欢过玛丽莲，不仅仅因为她是个老女人，最重要的是，她不是他喜欢的类型。埃尔维斯之所以一直和她约会，不过是想满足自己的虚荣心罢了。当时，玛丽莲可是世界上最漂亮、最性感的女人。"

不过，这对玛丽莲而言只是个小得不能再小的插曲。她需要足够的精力来应付生活中的各种麻烦，对抗健康问题带来的各种折磨，唯一让她感到欣慰的是，这段时间她的事业还算稳定，而且明显处于上升期。

1957 年 6 月 13 日，《游龙戏凤》上映了。玛丽莲不喜欢阅读媒体对《游龙戏凤》的评论。她的一些铁杆粉丝也觉得这部电影"浪费了她的天赋"。在伦敦，诺埃尔·考沃德（Noel Coward）告诉记者："玛丽莲·梦露有时候很迷人，不过片子太关注她的乳房和屁股了。"《纽约时报》的波斯利·克劳瑟评论说："《游龙戏凤》的问题在于，剧中的角色原本就很无趣。而且，海报上劳伦斯亲吻玛丽莲肩膀的场景并没有出现在电影中。"实际上，海报是电影完成之后在纽约现拍的。

不过，1958 年，这部影片获得了第二届意大利大卫奖第一名、英国电影和电视艺术学院奖提名第五名，玛丽莲则凭借这部电影获得了一个金奖盘。

不平静的农场生活

    1957 年，米勒夫妇租下了一处农场，作为消暑之用。农场位于长岛，距曼哈顿两个小时车程。米勒常在书房里写作，或者说试着写作，而玛丽莲则开心地期待着孩子的降生。她常常去海边散步，或者读亚伯拉罕·林肯的传记。她尽心尽力地为米勒做饭，读她讨厌的剧本，向好莱坞打很多电话，并且试着减肥。在英国时，玛丽莲确信自己会生个男孩，但来到长岛后，她告诉米勒："你将要成为一个小女孩的父亲了。"

    她偶尔会乘火车去曼哈顿拜访斯特拉斯伯格夫妇，但已经不像先前那么热情和依赖两人了。她频频去看精神医生玛丽安·克里斯（Marianne Kris），治疗占用了她非常多的时间和精力。米勒抱怨说："真是太过分了。一星期五天都要在沙发上度过，回忆所有的童年创伤。"

    当时，格林正在和斯坦利·米尔斯·哈格特打官司，因此，玛丽莲和哈格特成了"盟友"。哈格特常常驾车拜访米勒夫妇，他和米勒早在 20 世纪 40 年代就认识了。当时哈格特是格林尼治村一个知名文学沙龙的主席，两人就是在那个沙龙里结识的，关系一直很好。玛丽莲向哈格特抱怨米勒对自己很冷淡："他总是在书房里。你也知道，我在这里不能放音乐，还得踮着脚尖在房间里走路，生怕打扰到住在这里的'天才'。知识分子丈夫真没什么乐趣。乔·迪马吉奥先生呢，他总是整天在电视机前看比赛，而我第一任丈夫就知道一天到晚跟我亲热。晚饭时，米勒总是要拿本书或杂志一边吃一边读。我猜他一定是觉得我太笨了，根本不配和他说话。他的父母来吃饭时，我是不会上桌的。他们用犹太人使用的语言交谈。当他们向我解释他们讲的笑话时，我根本不明白笑点在哪里。"哈格特作为米勒的好友，也只能安慰一下敏感而

住在农场的米勒夫妇收获了短暂的平静，
但夫妇俩的生活习惯出现了明显的差异

脆弱的玛丽莲。

长期心情阴郁，加上饮酒和服用药物，玛丽莲的身体状况不太理想。一天下午，她肚子疼，起先是呻吟，而后是大叫，米勒这才从书房出来，并在花园里找到了她。玛丽莲面色惨白，尖叫道："我要失去孩子了！"米勒却似乎没有那么紧张，他没有立刻把妻子送去长岛的医院，而是叫了一辆救护车，花了两个小时陪她到了曼哈顿。玛丽莲被推进了手术室。结果很遗憾，因为宫外孕，孩子没保住。

"我们已经尽力了。"医生说，"即便胎儿能够足月生产，也肯定受到了酒精的伤害，很可能会是智障，并且有先天毒瘾。"哈格特来看望玛丽莲，给她带了西米露，米勒的母亲也送来了亲手熬的鸡汤，但这些都无法抚平一个母亲失去孩子的伤痛。

玛丽莲流产的消息很快成了各大媒体的焦点，记者们围在医院，试图抓拍她的照片。玛丽莲在医院休养了几天，调整好情绪打算出院。米勒从家里给她拿来了衣服，发型师也特意赶来为她做头发，看起来就像在为一场首映礼做准备。憔悴的玛丽莲戴上深黑色的太阳镜，遮住眼睛里的红血丝。然而当她走出医院时，记者们竟然为她的出现而欢呼。她顿时感到无比厌恶："我失去了孩子，这些蠢货竟然还为我鼓掌！"

回家后的第二天，哈格特来了。玛丽莲在卧室里大哭。"这是我最后的机会了，看我为她准备的粉色小摇篮。"哈格特很心疼她，但什么也做不了。突然，玛丽莲猛地从床上坐起来，恨不得摔烂摇篮。哈格特赶紧冲上前去阻拦，温柔地把她扶到床上。

米勒知道玛丽莲需要人照料，就给她雇了一个女仆——丽娜·佩皮通。佩皮通一直陪伴玛丽莲左右，直到玛丽莲去世。她出生于意大利南部的那不勒斯，擅长料理，玛丽莲称赞她是"曼哈顿最好的意餐厨师"。"二战"结束后，她嫁给了一名美国士兵，随后搬到了纽约。她做过私人女佣和戏装保管员，最终成了玛丽莲最亲密的朋友和最信任的知己。对于玛丽莲来说，佩皮通就像她的代理妈妈，佩皮通经常管她叫"小羊宝宝"。

"失去孩子之后，玛丽莲似乎也失去了自信，甚至都不想活了。"佩皮通后来回忆说，"一天吃早餐的时候，她突然很生气，不停地嚷嚷：'没有一个人寄卡片安慰我！一张都没有！这帮好莱坞的浑蛋！这帮纽约的浑蛋！'"玛丽莲说，她本来以为，至少斯特拉斯伯格夫妇会寄张劣质卡片来的，随后，她叹息道："请叫我'最没人爱的性感女神'！"

绝望的生活在持续，米勒却仿佛视而不见。一天晚上，米勒回到家中，发现玛丽莲晕倒在地板上。她还有呼吸。米勒担心她是吃了过量的安眠药，于是急忙叫了救护车，把她送到了医院。三名医生对她进行了抢救。

第二天清晨，佩皮通到医院探望玛丽莲，她问："玛丽莲，你为什么要这样做？"

"因为米勒认清了我的本来面目。我就是一个怪兽，他怕被我吃了。"

"我不相信。"

"不，这是真的。他的日记里的的确确这么写着，而且他没有说错。他知道我并不像世人看到的那样漂亮而单纯。"

玛丽莲在床上躺了一个星期，米勒偶尔来看她一下，而大部分时间，他不是去剧院，就是和朋友聚会，仿佛忘了医院里还有一个身体虚弱、精神不济的妻子。自从失去孩子以后，玛丽莲对他已经不抱什么希望了，出院回家后，她的生活都由佩皮通照料。

一天下午，米勒走进卧室，递给玛丽莲几页《乱点鸳鸯谱》的稿子，这是他花了几个月的时间写出来的。第二天早上，米勒去格林尼治村参加午宴，玛丽莲告诉佩皮通："他让我读他的狗屁剧本。或许他是一个伟大的剧作家，但绝对是一个失败的电影编剧。我读过成百上千个电影剧本，清楚地知道哪些是垃圾。我讨厌罗斯琳这个角色，她相当肤浅。米勒肯定是把我当成了原型。他说《乱点鸳鸯谱》是对我的赞美，是为了表达对我的爱。这是多大的赞美！他是有多爱我！我已经明白他在做什么了。他是在利用自己的明星老婆赚钱，仅此而已！"第三天，米勒说在家里找不到灵感，要去农场才能安心写作。他走后，玛丽莲关上卧室的门。佩皮通听到她打了很多电话。然后，她走出房间，吩咐佩皮通准备两个手提箱。

"如果米勒打电话问起来，不要告诉他我去哪里了。"

"为了以防万一，你可以告诉我你要去哪里吗？"

"如果你能保守秘密，我就告诉你，"玛丽莲说，"我要去华盛顿的五月花酒店。至少在那里，我可以从一个真正在乎我的男人身上得到一点点爱。"

不过，这次约会并没有那么浪漫。五月花酒店里，杰克·肯尼迪一改往日的英俊潇洒，他拄着拐杖，步履蹒跚地走进套房，看上去很痛苦。玛丽莲以为他遭遇了车祸，好不容易才克制住冲过去吻他的冲动。她努力表现得像一个慈爱的母亲，而不是一个火辣的情妇。她在客厅里找了个舒适的位子让杰克坐下。

杰克的痛苦是由阿狄森氏病引起的。这是一种破坏性疾病，患者会出现极度虚弱、体重下降，以及胃肠功能紊乱等症状。玛丽莲对此一无所知，但她非常体谅杰克的状况，她很和善体贴，以对其他人不曾有过的耐心对待杰克。杰克告诉玛丽莲，1955 年 9 月和 10 月间，他频繁进出医院，做了很多次手术，过了二十二天"一生中最悲惨的日子"。玛丽莲这才知道自己一直都低估了他的病情。

后来，玛丽莲曾告诉珍妮·卡门："那天以后，我几乎就不敢和杰克上床了，我担心自己也会患上不治之症。阿狄森氏病会传染吗？但不管怎样，我不可能跟一个随时会拉肚子的人搞浪漫。"

卡门问："你为什么不甩了他？"

玛丽莲说："他可能会成为未来总统，虽然只是一线希望。如此一来，我就会成为第一情妇，或者，如果他和他暴躁的妻子离婚的话，我很可能会成为第一夫人。这样的话，我就会像我喜欢的英雄亚伯拉罕·林肯一样，被写进历史教科书。"

卡门提醒她道："玛丽莲，我不得不说，你的志向太远大了。"

玛丽莲笑道：“卡门，你的弱点在于胸无大志。你只关心如何勾引一个又一个的电影明星，所以你会选埃罗尔·弗林（Errol Flynn）。我喜欢玩大的……比如各国总统。”

热情似火

　　结束五月花酒店的约会后，玛丽莲回到了家里。她一直不喜欢住在城市里，于是，便和米勒到了康涅狄格州的罗克斯伯里地区，在那里买了一座乡间别墅，离他们以前的租住地很近。玛丽莲对这座 1873 年建造的房子一见钟情，虽然她的账户余额不多了，但她还是执意买下了这栋房子。她告诉米勒："它将会成为我们共度晚年的地方。"她还暗示他开辟一间儿童房，以后供孩子们使用。

　　不过，面对空荡荡的账户，她也觉得，"家里得有人去赚些该死的钱了"。就在这时，比利·怀尔德给玛丽莲送来了自己的新作《热情似火》（*Some Like it Hot*）的剧情概要。玛丽莲惊讶地发现，片中的男人们都要穿裙子。怀尔德说，他将争取让辛纳特拉出演男一号。电影定于 1958 年 8 月开拍，剧本的终稿当时还没有完成。玛丽莲因为资金紧张，决定接下这个剧本，虽然她认为自己的角色"又是个金发傻妞"。然而，事实证明，这个决定相当正确，她即将参演的片子未来被很多评论家称为"喜剧之王"。

　　1958 年的夏天，玛丽莲开始为电影《热情似火》做准备。影片改编自一部名不见经传的德国电影音乐剧《爱的浮夸》（*Fanfares of Love*）。故事的剧情大概是这样的：两个失业的音乐家成了一次杀人事件的目击者，为了躲避暴徒，他们男扮女装，混进了女子乐队，和声音甜美的乐队领唱凯恩——玛丽莲出演的角色——相遇了，继而引发了一连串搞笑的事件。

　　按照怀尔德一开始的设想，凯恩由（米基·盖纳）饰演，两个音乐家由鲍勃·霍普（Bob Hope）和丹尼·凯耶（Danny Kaye）出演。后来，怀尔德又设想让弗兰克·辛纳特拉出演其中一个音乐家。然而，辛纳特拉看到剧本后立刻拒绝了："想都别想。"最终，杰克·莱蒙（Jack Lemmon）和托尼·柯蒂斯（Tony Curtis）出演了这两个音乐家。

虽然玛丽莲已经两年没有拍电影了，但她仍在电影行业十大票房明星榜上。制片方同意支付给她 20 万美金的片酬，这是她有史以来最高的片酬。此外，她还将得到百分之十的票房分红。事实上，由于电影非常成功，玛丽莲的最终收入高达 450 万美金。这笔钱绝大部分都转给了李·斯特拉斯伯格的第二个妻子安娜·米斯拉伊（Anna Mizrahi），而玛丽莲直到离世都未曾见过她。

影片筹拍期间，怀尔德请朱迪·嘉兰教玛丽莲唱歌。嘉兰是玛丽莲最喜欢的歌手之一，玛丽莲一直很崇拜。两人第一次见面是在查尔斯·费尔德曼的聚会上，玛丽莲就像一个跟踪狂，跟着嘉兰从一个房间到另一个房间。两人其实有许多相似之处——她们因同样的东西而出名——酒精、药物和数不尽的风流韵事，两人还都因为药丸和感情崩溃导致拍摄延迟。因此，制片方认为嘉兰和玛丽莲都不可靠。不过，两人也有不同。20 世纪 50 年代后期，嘉兰的票房表现非常糟糕，而玛丽莲的片子却十分卖座。因此，福克斯愿意忍受玛丽莲的各种状况，继续让她出演电影女主角。嘉兰带玛丽莲温习了片中的三首歌，玛丽莲之后告诉怀尔德："嘉兰让我受益良多。她展示了自己怎么唱歌，我也因此找到了自己的方式。"

两人关系很亲密，时常拥抱甚至亲吻，当然，这在今天的好莱坞也没什么可大惊小怪的。玛丽莲有时会在凌晨 3 点给嘉兰打电话，还有好几次，她直接在嘉兰家留宿。可惜，两人的友谊就像夏天的风，来得快去得也快，她们有各自的问题要面对。玛丽莲告诉怀尔德："她只是我人生中的一个插曲，不过有那么一刻，我觉得找到了真正懂我的人——这个人不是我的丈夫。阿瑟·米勒是个彻头彻尾的失败者。"

1958 年 8 月 4 日，《热情似火》正式开拍。宝拉跟随玛丽莲来到了片场，怀尔德称宝拉是"讨厌鬼"，她给出的指导意见就像密码，只有玛丽莲能够明白——"作为凯恩，你要像春天的果冻一样走路"。

　　每次拍摄，饰演男主角的托尼·柯蒂斯只有在最初的三四次才能表现出最佳状态，而玛丽莲则要重复三十多次才能进入最佳状态。因为她是票房保证，怀尔德不得不选用她表现最佳的镜头，而这不见得是柯蒂斯发挥最好的片段，换句话说，柯蒂斯最好的表现大多终结在剪辑室的地板上。对此，他非常无奈。"重复四五十次之后，我无法发挥最佳水平，而她经过一系列失误，则会大放异彩。虽然我的表演有时也会得到大家的喝彩，但由于玛丽莲一次次重拍，那些精彩的片段几乎没有留在片中。"

　　而且，玛丽莲对片场的每个人都很刻薄，柯蒂斯渐渐地对她心生怨恨。有人问他和玛丽莲演床戏是什么感受，他说："亲吻她就像亲吻希特勒！"玛丽莲听说后回应道："我真是不明白，人们为什么不能宽容一些。我不喜欢这么说，但是这个行业里有太多的嫉妒。我不喜欢跟嫉妒我的人合作。如果逼不得已，我只能借助幻想了。换句话说，表面上是在跟他演戏，事实上是把他想象成别人。"多年后，柯蒂斯对玛丽莲的态度才有所缓和。

　　当然，玛丽莲最大的特点是迟到，有时甚至一连几天都不露面，有时即使来了，也因为过量服药和饮酒而记不住台词。很难想象，"波本威士忌在哪儿？"光这一句竟然重拍了五十五次！一天，按计划，她应该上午 10 点出现在剧组，但直到晚上 6 点，她才出现。怀尔德已经让剧组回去休息了，要不然他得额外支付加班费。玛丽莲见状对宝拉·斯特拉斯伯格吼道："这个德国佬哪儿去了？面对这样一个狗屁角色，我能怎么样？"

　　拍摄期间，玛丽莲的体重直线上升，看到毛片的时候，她忍不住骂怀尔德，因为他让她"看起来像头肥猪"。玛丽莲在片场的脾气越来越大，同时，影片的开销也火箭式增加。怀尔德说："对于她一而再，再而三地出问题，我实在是厌烦了。我不想老是处理这些该死的事。我只想把片子赶紧拍完。感谢上帝，幸亏它只是部黑白电影，如果是部彩色电影，一定会花光预算的。"

　　一天，米勒去了《热情似火》的拍摄现场。怀尔德把玛丽莲的行为都告诉了米勒，说她拖延拍摄进度。米勒因此厉声对玛丽莲说："你来之前怎么不把台词背熟？你竟然还迟到，让整个剧组都等你一个！"

玛丽莲生气地吼道："你算什么东西，米勒先生！"说着冲出了片场。

或许是为了跟玛丽莲和解，米勒第二天去找怀尔德。他请求道："麻烦你对她宽容一点儿，让她下午4点钟下班，不要太晚，可以吗？"

怀尔德说："亲爱的先生，我很愿意那么做，只要她能来。问题是，经常到了下午4点我们都还在等她。"

玛丽莲偶尔也会回家，但身上时常带着"另一个男人的气息，乱糟糟的头发里透着烟味儿"。因此，她和米勒的关系日益紧张。1958年9月12日，她和米勒发生了激烈的争吵。随后，她把自己锁进屋里，吃了过量的安眠药。米勒察觉到不对劲，一脚踹开门，发现她已经昏迷。他急忙叫了救护车，把玛丽莲送到医院洗胃。一个月后，玛丽莲发现自己再次怀孕了。米勒知道后很愤怒，因为那段时间他根本没有碰过她。

玛丽莲的妇科医生提醒她，如果继续大量饮酒和吃药，那么胎儿可能会受到伤害。玛丽莲却回答道："如果放弃了酒和药，我可能都活不到生孩子的时候。"

戴维·康诺弗后来披露了玛丽莲当时的状态——他拍摄了玛丽莲的第一组杂志照片，两人于1944年相识，当时她的名字还叫诺玛·简。《热情似火》的拍摄期间，情绪低落的玛丽莲收到了戴维的来信。通常情况下，她是不会理会的，但那时的玛丽莲十分脆弱，她怀念起了曾经天真无邪的时光，于是给戴维回了信。这封回信后来被公开了，全文如下：

我又怀孕了，这本来是件好事，但我却不开心。说实话，我很绝望，甚至有点儿恐惧。疼痛感越来越强烈，我的胸也越来越胀。噢，我以前多么想要个孩子啊。可我现在却不想要了。我内心在苦苦挣扎。我该怎么做？你也知道，我的婚姻就像一条即将沉没的小船，而我却没有任何人可以依靠——比如救生员。米勒总是拒人于千里之外，他真的不想要这个孩子。也许这就是为什么我最近那么刻薄。我把所有的愤怒都发泄在周围人身上。

玛丽莲

到了 11 月，怀尔德已经不再跟玛丽莲说话了。他告诉记者，他再也不会和玛丽莲合作了。尽管拍摄过程非常艰难，但这部电影成了好莱坞历史上最有名的喜剧之一。

飞回纽约后，玛丽莲仍和米勒生活在同一个屋檐下，但两人分房而睡。1958 年 12 月 17 日，玛丽莲感到一阵剧烈的疼痛，很快被送进医院，由担架抬着送进了手术室。她在纽约相熟的医生匆忙赶来。玛丽莲记得，自己听到的最后一句安慰是："一切都会好的。"第二天早上醒来后，她才知道，事情一点儿都不好。她又一次失去了孩子。

玛丽莲把责任都归于自己。她冲佩皮通吼道："是我杀了孩子！我感觉自己好像拿了一把刀，刺进了他可怜的小心脏。我妈妈曾经告诉过我，我根本就不适合生孩子，我不愿承认，但事实证明，她是对的。"玛丽莲一度不再靠近医院，直到 1959 年初，她去医院做检查，想确定自己还能不能怀孕。医生告诉她，她再也不能怀孕了。

失去了孩子，玛丽莲度过了一个空虚绝望的冬天。1959 年 3 月 30 日，在米勒的劝说下，她参加了《热情似火》的首映礼。首映礼在曼哈顿勒夫国家剧院举行，整个放映过程中，玛丽莲都尴尬地捂住脸，而观众们则不停地哄堂大笑。

回到家后，玛丽莲从冰箱拿了一瓶香槟，跑进了自己的卧室。米勒叫她，她尖叫道："太恶心了！你没有听到他们在嘲笑我吗？我就是个可笑的女人！这就是他们笑的原因！"玛丽莲锁上房门，不让米勒进来。虽然谁也没有提离婚，但事实上他们心里都清楚，婚姻已经走到了尽头。

玛丽莲最忠实的粉丝——作家诺曼·梅勒也去看了《热情似火》，还高度评价了这部电影。听说玛丽莲和米勒的婚姻出了问题，他说："我认为玛丽莲不应该跟任何男人结婚。她是属于所有男人的。"

《热情似火》在全世界引起了轰动，美国电影协会将它列入"史上最搞笑的一百部电影"榜单。然而，这并没有减轻玛丽莲的抑郁。佩皮通说："她每天要么生气，要么就歇斯底里地大喊大叫，或者两者都有。"

整个 1959 年，玛丽莲接到许多影片的演出邀约，但她都拒绝了。她唯一感兴趣的角色是《蒂凡尼的早餐》中的霍莉。这是根据杜鲁门·卡波特的畅销小说改写的剧本。卡波特说："当我塑造霍莉这个角色的时候，我心里就认定要玛丽莲来演。"在朋友面前，卡波特评价玛丽莲"书念得不多，但冰雪聪明"。玛丽莲也有意愿接这部电影，但导演和制片方都不想用她，最终选择了奥黛丽·赫本。

玛丽莲曾在演员工作室表演过《蒂凡尼的早餐》中的两幕场景。苏珊·斯特拉斯伯格在看到奥黛丽·赫本主演的版本后，说过这样的话："玛丽莲当时的表现很棒，应该被收入片子当中。奥黛丽·赫本演得也不错。不过你信吗？这个柔弱的小姑娘其实是个浪荡的女人，因此，或许玛丽莲能有比赫本更好的角色解读。只可惜，玛丽莲因一再拖延《热情似火》的进度落了个坏名声。导演和制片方都不想用她，担心她会让银行破产。"就这样，《蒂凡尼的早餐》成了玛丽莲永远的遗憾。

《热情似火》剧照

《热情似火》剧照

我极力找寻自己，但困难重重。多数
人穷尽一生也无法认识自己。但是我
必须这样做。对我而言，认识自己的
最好方式是寻找自己作为人的存在，
证明自己是一位演员。

Part 05

失控的人生

乱点鸳鸯谱

1959 年 9 月，尼基塔・赫鲁晓夫（Nikita Khrushchev）对美国进行国事访问。福克斯主席斯派罗斯・斯库拉斯给玛丽莲打了电话，问她是否愿意加入欢迎赫鲁晓夫的行列。斯库拉斯告诉她，赫鲁晓夫来访绝对是个头条新闻，已经同意参加的明星有伊丽莎白・泰勒、黛比・雷诺斯、朱迪・嘉兰，他邀请玛丽莲也加入：“所有大腕都去了，怎么能少了好莱坞性感女神呢？”

玛丽莲被他的话打动了，同意出席活动。她问米勒是否愿意陪她去，米勒拒绝了，他说：“埃德加・胡佛①（Edgar Hoover）已经怀疑我是个共产党员，如果我和赫鲁晓夫握了手，那么就被这个浑蛋抓到证据了。”——美国最高法院对他的控诉撤销才一年，他不想让自己再卷入旋涡。不过，他让朋友弗兰克・E. 泰勒（Frank E. Taylor）陪玛丽莲一起去。几个月后，弗兰克还成了《乱点鸳鸯谱》的制片人。

《乱点鸳鸯谱》是米勒的新作，但玛丽莲并不是很看重。她之所以接下这部电影，是因为能和蒙哥马利・克利夫特合作，这是她多年来的愿望。她觉得克利夫特是“电影中最美丽的男子，甚至超过泰隆・鲍华（Tyrone Power）和罗伯特・泰勒（Robert Taylor）”。早在《巴士站》开拍前，玛丽莲就曾邀请克利夫特饰演影片中的牛仔，克利夫特不但拒绝了，还对玛丽莲抱不屑一顾的态度。但在看过《巴士站》后，他就被她迷住了，很后悔自己当初拒绝出演那部影片。因此，这次能够合作，无论如何都是件令人开心的事。

雷克斯・肯纳默（Rex Kennamer）和两人是多年的老朋友，他出面安排

---

① 埃德加・胡佛：美国联邦调查局（即 FBI）局长。

了一顿晚餐，同时邀请了克利夫特和玛丽莲。令雷克斯感到惊奇的是，两人几乎没怎么说话。"那简直是一场灾难，"他回忆道，"克利夫特喝了一杯又一杯的苏格兰威士忌，玛丽莲则不停地喝着漂着栀子花的加勒比朗姆鸡尾酒。"直到快结束时，两人才敞开心扉交谈起来，克利夫特还给玛丽莲起了个昵称——猫咪，两人的友谊一直持续到玛丽莲去世。

《乱点鸳鸯谱》的演员阵容终于确定了下来。除了玛丽莲，还有克利夫特和克拉克·盖博。可以说，演员阵容十分豪华。约翰·休斯顿担任了影片导演。人们对这部影片寄予厚望。

1960年夏天，在炙热如蒸笼般的内华达州沙漠，一辆耀眼的加长黑色豪华轿车驶进了《乱点鸳鸯谱》的外景拍摄地。这是玛丽莲的座驾，她来拍摄自己生平最后一部电影。玛丽莲失眠了一整夜，下车时昏昏沉沉的，看上去气色很差。她在片场见到了克利夫特，他的状态也好不到哪儿去。

两人寒暄后，一同前往化妆室，途中遇到了编剧米勒。米勒只是粗略地扫了他们一眼就走出去了，连招呼都没打——那时的米勒夫妇已经形同陌路。不过，为了不影响电影的拍摄和后期宣传，他们必须装样子，因此还住在同一套公寓里。两人心里都有数，拍完《乱点鸳鸯谱》，他们就再也没有在一起的必要了。

克利夫特是米勒和玛丽莲共同的好友，不过很显然，他是站在玛丽莲这边的。在飞往内华达之前，克利夫特曾接受了一位记者的采访，他说："玛丽莲和米勒的婚姻名存实亡，只是在等待最后崩裂的一刻。米勒不得不面对这样的事实，尽管对他来说可能很痛苦。现在他肯定明白了，爱上一个银幕女神是多么危险的事情。"

导演约翰·休斯顿和影片的制片人弗兰克·泰勒这样评价玛丽莲和克利夫特："那对精神伴侣——玛丽莲和克利夫特，他们的想法总是很一致，但是和咱们这样的普通人想的完全不一样。"

《乱点鸳鸯谱》的剧本原本是米勒送给玛丽莲的礼物，但也是米勒夫妇失败婚姻的真实写照。剧本中很多对话和情节都是两人生活中的真实场景。在

玛丽莲虽然不喜欢《乱点鸳鸯谱》的剧本，却还是同意出演这部电影

创造女主人公罗斯琳这个角色的时候，米勒加进了玛丽莲的人格特征，刻画了她的抑郁、紧张、偏执，以及不安全感。他把罗斯琳塑造成了一个离异女人，为了甩开凯文·麦卡锡（Kevin McCarthy）饰演的丈夫，她租住在里诺的一间公寓里，活得混乱而绝望。读完《乱点鸳鸯谱》的初稿后，玛丽莲告诉米勒，她不喜欢女主人公的语言、动作和性格，她把罗斯琳称为"另一个堕落的玛丽莲"。

不过，经过不断修改，《乱点鸳鸯谱》最终成了一部具有西部风情的彩色影片。影片讲述了这样一个故事：刚刚离婚的罗斯琳勾搭上了上了年纪、放荡不羁的牛仔盖——由克拉克·盖博饰演，并一起搬进了盖的朋友吉多正在施工的房子里。吉多是个漫无目的的流浪汉，他曾做过业余机械师。这个离奇的三人组合需要钱，吉多便说服盖围捕一种叫"另类"的野马。盖和吉多需要一位合伙人，他们刚好遇到了满身是伤的骑术师珀斯——由蒙哥马利·克利夫特饰演。四个人最终奇怪地走到了一起。

影片的拍摄对所有人来说，都是一场莫大的灾难。玛丽莲对米勒的不满和抱怨严重影响了她的情绪，加上她三天两头迟到，开拍不到一个星期，导演休斯顿就快崩溃了。一次，工作人员一整天都没能把她从床上拽起来。有时为了赶进度，化妆师直接跑去玛丽莲的卧室，甚至在她上厕所的时候都在给她化妆。

米勒自然也对玛丽莲越来越不满，当好友伊莱·沃勒克（Eli Wallak）出现在拍摄现场时，夫妻俩都向他大吐苦水，弄得他也差点儿崩溃。不过，在评价玛丽莲时，米勒的某些见解还是非常独到和深刻的。他对沃勒克说过这样一段话：

一个简单的、糟糕的甚至是致命的事实就是，玛丽莲没有自我。玛丽莲本身的样子，就是她作为明星的样子。她成了玛丽莲·梦露，但这一成功正在慢慢抹灭她本身。真正的玛丽莲·梦露是不存在的。她本人并没有存在过，仅仅是作为明星，这个自身的复制品。她知道有一天自己会消失，但银幕上的玛丽莲·梦露不会。十几岁的时候，她就在塑造符合公众趣味的虚构的性格特点，但她塑造出来的性格反而成了她真实生活中的样子。她慢慢地、间接地谋杀了那个名叫诺玛·简的女孩，现在她正在把诺玛·简腐坏的肉体一点点地扯掉。剩下的就是这个用硬纸板做成的夸张的躯壳——玛丽莲·梦露。

　　玛丽莲的坏脾气和"迟到癖"使得影片的拍摄工作迟迟无法推进，诚如评论家诺曼·梅勒说的那样："《乱点鸳鸯谱》的拍摄过程慢得要命，就像一辆不太好的卡车。"一天的拍摄结束后，休斯顿会喝得微醉，然后去里诺的赌博俱乐部。如果在那里输掉很多钱，他第二天就会变得脾气暴躁；要是玛丽莲碰巧又没有出现，他就会很崩溃。休斯顿后来回忆说："拍摄《乱点鸳鸯谱》期间，我总拿着一把双管枪，就举在两眼之间时刻瞄准着，目标不仅仅是玛丽莲，还有那个'黑寡妇'——宝拉·斯特拉斯伯格。"

　　宝拉在拍摄第二天就到了片场，名义上，她是来指导玛丽莲表演的，实际上，她是想指挥玛丽莲所有的戏份。穿白色衣服更容易反射阳光，这是常识，但宝拉却不相信，相反，她穿了一身黑色——黑色长袖上衣、黑色宽边草帽、很大的黑色墨镜，手里还拿着黑色的蒲扇，并且总是随身携带一把黑色雨伞。拍摄工作进入第二个星期，玛丽莲拍了一个很小的场景，作为导演，休斯顿觉得她拍的第五次就很不错，但在宝拉的强烈要求下，这个场景重拍了六十五次！作为玛丽莲的表演指导，宝拉的周薪是 3000 美金，为了对得起薪水，她多么苛刻都不为过。

　　宝拉告诉专栏作家："玛丽莲有着女人的脆弱和公牛的刚强。她是一只美丽的铁制蜂鸟。她唯一的困扰在于，她生活在这个不纯洁的世界，却是一个很纯洁的人。"但在玛丽莲的朋友们看来，宝拉描述的绝对不是玛丽莲，至少不是他们认识的玛丽莲。为了应付这个比玛丽莲更难缠的"黑寡妇"，休斯顿命令剧组人员"感动宝拉·斯特拉斯伯格"。他自己就是这样做的——诚恳地道早安、深鞠躬；如果宝拉有话要说，他会认真倾听，"就好像她是在传达上帝的旨意"。

拍摄期间，玛丽莲的心理医生拉尔夫·格林森（Ralph Greenson）规定，玛丽莲只能服用 300 毫克的安眠药来缓解失眠，虽然安全服用的最大剂量一般只有 100 毫克。和克拉克·盖博拍摄第一场对手戏的那个早上，玛丽莲很紧张，她吞食了一大把镇定安眠药，结果被带到了医院洗胃。这样的事情不时发生，整个剧组都感到心力交瘁。

或许只有米勒不在乎玛丽莲的种种状况，因为这位大剧作家已经无暇顾及妻子了。他娶了"世界上最令人垂涎的女人"，但在《乱点鸳鸯谱》的片场，他遇到了此生挚爱——奥地利出生的自由摄影师英格·莫拉斯（Inge Morath）。她比玛丽莲大 4 岁，身材高挑，魅力四射。米勒开始远离片场，常常单独和英格在一起。起初，谁也没有发现他们的恋情。米勒偷偷告诉克利夫特："英格修补了我那颗破碎的心。"1961 年和玛丽莲离婚后，米勒于 1962 年 2 月 7 日和莫拉斯结了婚。

杀死玛丽莲·梦露

玛丽莲的身体正经受着大量药物和酒精的侵蚀，她告诉宝拉："我每天晚上睡觉时都有种预感，我不会再醒过来了。"

盖博因为玛丽莲无止境的迟到而愤怒异常，称她为"任性的娘儿们"。一天下午，玛丽莲泪流满面地找到盖博。她告诉盖博，她在一份拉斯维加斯的报纸上读到，那些可恨的赌徒在打赌，看在《乱点鸳鸯谱》杀青前，玛丽莲、盖博、克利夫特这三个不太搭的大腕儿谁最先精神崩溃，甚至死亡。

玛丽莲曾一度以为盖博是自己的父亲，因为她的母亲曾指着盖博的照片告诉她："这就是你爸爸。"因此，在盖博面前，她常常表现出孩子的一面。看到玛丽莲内心的痛苦，盖博原谅了她，也很同情她，他觉得令玛丽莲心烦意乱的不是失败的婚姻，而是她自己。自那天以后，他总是耐心地等着玛丽莲，有时一等就是四五个小时。实际上，他完全等得起，因为他的合同里写着，他的片酬是75万美金，以及影片收益的百分之十，而如果每个星期超时工作，他将获得4.8万美金的额外收入。他对休斯顿说："我知道拍这部影片经常会超时工作，所以，即便这个电影不叫座，我也会成为富豪。"

然而，玛丽莲的状况并没有好转。即便到了片场，她也总是一脸憔悴地四处游荡。休斯顿经常吼她，每次一被吼，她就会跑到垃圾车旁边呕吐。有时，米勒会把新写的台词提前一天给玛丽莲，好让她彩排一下，但玛丽莲记不住，甚至还会把新的台词和之前的台词弄混。因此，帮她整理台词的女孩不得不给她写好分镜头提示卡。

盖博也对米勒和休斯顿反复修改台词而恼怒，因为他不得不重新背。有一次，他甚至叫来经纪人，威胁如果工作环境再不改善，他将退出拍摄，最

蒙哥马利·克利夫特、玛丽莲和克拉克·盖博在《乱点鸳鸯谱》的拍摄现场

克拉克 · 盖博在《乱点鸳鸯谱》的拍摄现场对玛丽莲颇为照顾，玛丽莲非常依赖他

终是玛丽莲说服了他继续留下来，尽管事实上，玛丽莲自己也很想退出《乱点鸳鸯谱》。

同时，克利夫特的情况也令人担忧，他和玛丽莲一样，也沉迷于药物和酒精。为了让自己能够站稳，他随身携带的小酒壶里装着伏特加、橙汁以及药物的混合液体，可惜一点儿忙也帮不上。一个炙热的下午，和盖博一起拍摄一个射击的镜头时，他失去了平衡，根本无法控制身体。盖博终于失去了耐心，很显然，他对玛丽莲的同情和理解并没有延伸到克利夫特身上。眼看着两人就要打起来了，玛丽莲赶紧冲过去把克利夫特拉走了。接下来的一个星期，除了拍摄需要，盖博拒绝和克利夫特说话。

不过，玛丽莲和克利夫特的一幕戏给盖博留下了异常深刻的印象。戏中的玛丽莲把克利夫特拥在膝间，仿佛两个迷茫的灵魂在互相安慰。玛丽莲在克利夫特耳畔低语：“什么都不要说了，就这样保持沉默吧。我不知道我属于哪里——也许接下来就知道了。也许我们不应该记得任何人的承诺。”这个场景，这个对话，就像从他们自身生活中截取出来的片段一般鲜活。盖博被深深打动了，他转身对休斯顿说：“我不得不表扬他。”第二天，盖博和克利夫特和好了。这是他们第一次好好聊天，尽管话题大多是关于玛丽莲的。

只可惜，温馨的时刻过于稀少和短暂，拍摄现场总体上处于混乱和吵闹的状态。在这样的环境下，宝拉·斯特拉斯伯格也濒临崩溃了。她声称米勒、休斯顿和“叛徒”伊莱·沃勒克“策划了一起阴谋”，而自己是“替罪羊”。绝望之下，她叫丈夫李·斯特拉斯伯格和女儿苏珊一起飞到内华达来帮她渡过难关。宝拉说：“如果我被迫退出这部电影的拍摄，那么玛丽莲也要离开电影界。”

1960 年 8 月 27 日，玛丽莲被紧急送往医院——她吞下了一整瓶巴比妥。救护车把她送到了最近的医院，为了躲避记者和摄影师，这个消息没有公开。第二天清早，休斯顿把剧组人员叫到一起，包括克利夫特和盖博。他说：“在玛丽莲恢复之前，电影将暂停拍摄。她急需休息。最近一段时间，她都不能跟我们一起工作了。里诺的医院已经给她洗了胃。她今晚就要搭飞机到洛杉

矶的西区医院了，如果你们想给她送祝福卡的话就尽快。"

然而不久后，休斯顿告诉了盖博暂停拍摄的真相："事实上是因为我在里诺那些该死的赌场把制片的钱都输光了。每个赌桌都有人出老千。正好玛丽莲·梦露住院了，我就有更多的时间想办法弄点儿钱了。我知道这样做很不男人，但是我不得不把停拍的责任推到玛丽莲身上。在好莱坞，一个电影停拍，不是怪导演就是怪演员，这次就让我们这位大明星来背黑锅吧。"

玛丽莲在西区医院一直住到 9 月 5 日，然后重返内华达，继续拍摄《乱点鸳鸯谱》。在她住院的这段时间里，很多名人前去探望。玛丽莲将这些人探望的细节告诉了最好的朋友珍妮·卡门。卡门说，第一个去医院探望玛丽莲的是杰克·肯尼迪的妹妹——帕特里夏·肯尼迪。帕特里夏非常清楚哥哥与玛丽莲在交往，就像杰克·肯尼迪也十分了解妹妹与别人的恋情一样——兄妹俩很有默契，都为对方掩饰婚外情。

因为不想被认出来，帕特里夏戴着滑稽的黑色假发、牛角框眼镜来到西区医院。她后来告诉丈夫彼特·劳福德和她的朋友们："一开始我以为玛丽莲死了。她踢掉了毯子，全身赤裸地躺在床上，闭着眼睛张着嘴，看起来就像葬礼上躺在棺材里的女人。我几乎就要尖叫着找护士了，但后来感觉到了她的脉搏和心跳。我碰了碰她，她睁开眼睛，抬头看着我，问我是谁。我摘下假发。玛丽莲说：'哦，帕特里夏，是你。你能来看我真是太感谢了。我这些日子特别需要朋友。顺便说一句，别戴那假发了，不适合你。'"后来，帕特里夏在圣塔莫尼卡的家中还对朋友们说，在她看来，当时的玛丽莲"沉浸在一种人死后对有生之年进行评价的状态中"。

玛丽莲告诉帕特里夏："在我还是诺玛·简的时候，我想把自己变成玛丽莲·梦露。现在我躺在这张该死的病床上，我只想再做回简单的诺玛·简，住在一间小平房里，有一个爱我的蓝领丈夫和三个可爱的孩子。我最想做的就是杀死玛丽莲·梦露。我不喜欢她。我不是那个虚假的女人。我终于意识到，如果我不杀了玛丽莲·梦露，她就会杀了我。"

帕特里夏说，在玛丽莲生命的最后几年，两人结成了"同盟"。她们的关系很紧密，也很特殊，因为帕特里夏也是杰克的夫人杰奎琳的朋友，但她觉得杰奎琳不是很容易相处。她坦言："我并不觉得和玛丽莲做朋友就是背叛和杰奎琳的友谊。后来鲍比（罗伯特·肯尼迪）和玛丽莲有染，我也不觉得我背叛了和他妻子的友谊。"对于那些不能理解她和玛丽莲的关系的人，帕特里夏说："我对玛丽莲·梦露就是《绅士喜爱金发女郎》中的简·拉塞尔对她那样。"帕特里夏很清楚，很多年前，她的丈夫和玛丽莲也有过一段风流往事，但诚如她所说："如果把和我丈夫有染的女人都赶出我的生活，那么好莱坞的大部分美女都要被排除在外了。"帕特里夏的儿子说，母亲对玛丽莲的方式很特别，用帕特里夏自己的话说："玛丽莲就好像是我的小妹妹，我也用自己的方式爱着她。她丝毫不掩饰自己的情绪，而我的家人总是压抑着自己的感受。"

听说玛丽莲住院的消息后，马龙·白兰度也去探望她。他走到玛丽莲的床边，给了她一个深吻，问道："白兰度夫人今天怎么样？"负责照顾玛丽莲的护士听到这话惊呆了，她后来告诉记者，白兰度给了她 20 美金的小费，让她改口称玛丽莲为"白兰度夫人"——那时距离拍摄《萨巴达万岁》期间的"结婚"已有八年。玛丽莲后来对卡门说："对我来说，马龙比阿瑟·米勒那个浑蛋更像丈夫。他对我很热心，会真正关心我的死活。"

白兰度到访两天后，与玛丽莲分分合合的另一个情人弗兰克·辛纳特拉不期而至，还送上了白玫瑰和钻石手镯。辛纳特拉给了护士 20 美金，让她在门口放哨，以免别人打扰。辛纳特拉曾经模糊地说过要和玛丽莲结婚，在病房里，玛丽莲又提起了这个话题。辛纳特拉告诉她，他会考虑的。珍妮·卡门后来透露说："玛丽莲只是希望在阿瑟·米勒离开后，自己身边有个强壮的男人，是辛纳特拉还是白兰度，对她来说并不重要。"

玛丽莲住院期间，她最期待的探访者在卡门的帮助下，避开了堵在医院门口的记者，从后面的电梯溜了进来。他就是迪马吉奥。自从和玛丽莲离婚后，迪马吉奥和很多长得像玛丽莲的女人约会过，包括简·曼斯菲尔德和莉兹·雷内（Liz Renay）。

迪马吉奥站在病床前，看着躺在床上的玛丽莲，低声说："我不应该让你离开我。"玛丽莲回答:"我从不该离开。"站在一旁的卡门意识到,他们之间存在着深厚的感情。事实上,玛丽莲对佩皮通也说过:"迪马吉奥永远都是我丈夫。"

出院后,玛丽莲对外宣称自己将继续拍摄《乱点鸳鸯谱》。有那么一段时间,她忘记了白兰度、辛纳特拉,甚至迪马吉奥,专心考虑怎样和克拉克·盖博、蒙哥马利·克利夫特一起拍完这部电影,虽然她依旧觉得,这是一部糟糕透顶的作品。

是我杀了盖博

在玛丽莲短暂的生命中，医生始终扮演着重要的角色。在纽约时，她很依赖玛丽安·克里斯医生，之后，这种依赖转向了拉尔夫·格林森医生。

格林森经常给克里斯写信，了解玛丽莲的病情。在其中一封信中，格林森写道："玛丽莲似乎一直是个孤儿。她那么努力去尝试，但又经常失败，这让她看上去很可怜。我甚至都为她感到难过。"有时，他也会告诉克里斯玛丽莲病情的新进展："我认为玛丽莲对年幼时遭受的虐待有着极其糟糕的幻觉。她所说的大部分故事，我都不大相信。如你所知，她的错觉和幻想都是精神分裂的表现。她有很多偏执的反应，甚至认为埃德加·胡佛派人监听了她的电话。她声称，胡佛想得到毁灭性的证据，如果有朝一日杰克·肯尼迪做了总统，胡佛就可以以此要挟他。"格林森说自己倾向于有保留地相信她，"因为她有许多疯狂的经历。谁知道呢？有时我认为，她陷入了自己讲的故事当中，无论这些故事是真是假"。

尽管玛丽莲和格林森有着完全不同的成长背景，但随着接触的深入，两人越来越亲密。他们经常一起回顾玛丽莲过去的生活、磨难以及恐惧。对此，米勒表示强烈反对，他告诉玛丽莲："你需要活在当下，解决如今的问题，不要总是思考很久以前的事。"但玛丽莲对他的话置若罔闻。她已经离不开格林森了，甚至称格林森是"我的救世主"。玛丽莲打电话告诉远在纽约的佩皮通："格林森医生就是耶稣，他正在向我施予恩典。他驱除了我心中的幽灵，他听我讲述米勒如何残忍地对我。格林森医生使我相信，我必须摆脱这段无望的婚姻。我再也无法忍受阿瑟·米勒了。"格林森要求玛丽莲今后只看一个医生——海曼·恩格尔博格（Hyman Engelberg），此后，玛丽莲生活的大部分都被他们两个掌控着。

雪莉·温特斯说:"格林森手中的明星不少,不仅有玛丽莲,还有辛纳特拉。他对玛丽莲的掌控越来越严重,甚至想让她甩掉知己兼按摩师拉尔夫·罗伯茨(Ralph Roberts)。那个变态告诉玛丽莲,她的生命中只容得下一个拉尔夫,那就是拉尔夫·格林森。我觉得这个卑鄙小人就是个江湖骗子。"

在马利布的一次午宴上,帕特里夏也提醒玛丽莲,让她不要太过依赖格林森——"他想成为你的催眠师,像米尔顿·格林一样插手你的职业生涯。你太信任他了。他还给我提过一条建议,那就是永远不要嫁给演员"。

玛丽莲却告诉帕特里夏和劳福德:"格林森一家是我的亲人,这是我不曾拥有过的。"格林森鼓励玛丽莲参与他的生活,让她在家里留宿,晚上和他的家人一起吃饭,第二天早上再一起吃早餐。格林森在圣塔莫妮卡的山腰上拥有一座大房子,玛丽莲晚上经常站在二楼阳台上观景。她和格林森的妻子成了朋友。

格林森的两个孩子也很欢迎玛丽莲。玛丽莲教他女儿跳最时髦的舞步,还给她提了许多交男友的建议。格林森的女儿说:"跟我们在一起时,玛丽莲丝毫没有明星的架子。和父亲熟络后,她还走进厨房帮忙准备晚餐。她甚至会留下来洗盘子。"格林森的儿子也很喜欢她,他说,他本以为玛丽莲"是个肤浅的女人",没想到真实的玛丽莲非常温暖,很有魅力。

1960 年 11 月 4 日,《乱点鸳鸯谱》正式结束拍摄。两天后,克拉克·盖博在医院去世。《乱点鸳鸯谱》成了盖博的最后一部影片。他在家里换车胎时中风,被人送到了医院。就在当天,他还收到了德怀特·艾森豪威尔(Dwight Eisenhower)总统发来的电报。

盖博先生:

我知道,心脏对所有人来说都是一个很狡猾的东西,但它却见证了你我所经历的和平年代与战乱时期。希望我们的心脏都能够继续跳动很多很多年。

德怀特·D.艾森豪威尔

在病房里，盖博亲吻了他的第五任也是最后一任妻子凯·威廉斯（Kay Williams），并道了晚安。"我想在合眼前再读点儿东西。"这是这位好莱坞之王说的最后一句话。随后，他开始看一本记录《乱世佳人》拍摄过程的书。晚上 10 点半，护士进来检查，发现他已经没有了呼吸。他的眼睛盯着天花板，目中空无一物。

几小时后，好莱坞之王离世的消息传遍了全世界。在纽约，失眠的玛丽莲在凌晨 3 点接到了约翰·休斯顿打来的电话："盖博去世了，我刚刚收到消息。"玛丽莲手中的话筒掉到了地上，她尖叫着跑进客厅，但空无一人，她又冲向浴室，大喊着："是我杀了克拉克·盖博！我要杀了我自己！"睡在玛丽莲隔壁的丽娜·佩皮通听到叫喊声，立刻跳起来，匆忙赶到浴室。她看到玛丽莲正在吞咽一瓶药片。见到佩皮通，玛丽莲叫道："这次不要救我！"佩皮通当然没有听她的话，而是立刻帮她催吐。

盖博的葬礼过后，凯告诉媒体："杀死盖博的不是《乱点鸳鸯谱》拍摄过程中消耗的巨大体力，而是可怕而紧张的气氛和无休止的等待、等待、等待！每个人都要他等，等得他很气愤、很烦躁，只好去做别的事情让自己忙起来。这就是为什么他要亲自做那些危险的特技表演，而不是用替身。"凯当时已经怀有身孕。

玛丽莲在报纸上读到这一段时哭了。虽然凯没有提她的名字，但她知道，这位寡妇说的就是她。她对盖博的死充满了愧疚。在纽约的寓所里，佩皮通跟她道晚安时，她低声哭着说："是我杀了盖博。没错，就是我。凯，以及世界上一半的人都知道是我干的。"

佩皮通后来说："玛丽莲始终认为自己在拍摄《乱点鸳鸯谱》时给了盖博太多压力，从而导致盖博心脏病发作。她觉得这是她的责任，因此噩梦不断，无法入睡，也没有食欲。她就躺在床上，眼球凸出，两只手纠结地紧握在一起。"

玛丽莲一直记得她和盖博所演的最后一幕场景——他们并排坐在卡车的前座上，驶向沙漠深处不确定的未来。

"怎样在黑暗中找到回家的路？"

"就沿着那颗很亮的星星的方向一直走，高速路就在那颗星的下面，它会指引我们回家。"

"哦，回家，但是家在哪里？我从来没有过家。"——剧本上并没有这句台词，这是玛丽莲自己加上去的，最后被休斯顿删掉了。

帮助玛丽莲走出盖博的死亡阴影的是凯。她听说了玛丽莲的状况，特地邀请玛丽莲参加儿子约翰的洗礼。在洗礼过程中，凯走向玛丽莲并给了她拥抱。凯说："很抱歉，媒体误解了我的意思，盖博在拍摄最后一部影片时从来没说过你的坏话。"

玛丽莲说："哦，太感谢你告诉我这些了。我能抱抱他吗？"说着，她抱起了盖博留下的儿子。她望着那个小小的婴儿，仿佛望着世间最珍贵的宝贝，然后轻轻地说："你真是太可爱了。你现在还什么都不懂，但你长大后一定会像你爸爸一样，成为好莱坞之王。你会成为第二个白瑞德。"

1961 年 1 月 20 日，玛丽莲和米勒终于在墨西哥离了婚。那一天，她的"毕生挚爱"杰克·肯尼迪在白宫宣誓就任美国第 35 任总统。办完离婚手续，玛丽莲就迫不及待地赶回了宾馆观看电视直播。令人惊讶的是，"玛丽莲离婚事件"的影响力似乎并不比肯尼迪入主白宫小，因为第二天不少媒体的头版新闻正是前者。当然，玛丽莲自己对后者更关注，因为她一直都幻想着自己有朝一日也能入主白宫。然而，杰克连续几个星期都没有联系她。失落的玛丽莲反复给肯尼迪的秘书打电话，得到的答案总是"总统先生正在开会"或其他借口。她还听到一些传闻，说杰克跟其他女人好上了，例如朱迪斯·坎贝尔（Judy Campbell）、莎莎·嘉宝（Zsa Zsa Garbo）、拉娜·特纳、珍妮特·利（Janet Leigh）、吉恩·蒂尔尼等。

玛丽莲刚刚离婚，也没有电影要拍，总统先生又太忙，空虚充斥着她周围的空气。她住在曼哈顿的公寓里，佩皮通说，很多时候，她几乎一整天都不下床，除非上厕所。蒙哥马利·克利夫特经常来看她。佩皮通说："他穿着皱巴巴的衣服，胡子看上去三天都没刮了，就像一个流浪汉。玛丽莲也好不到哪里去。她经常穿着一件又脏又旧的白色长袍接待他。他们绝对不像因美貌而风靡世界的电影演员。"

不过，克利夫特还是成功说服了玛丽莲，让她下了床，因为《乱点鸳鸯谱》的首映礼定在了1961年1月31日，地点是曼哈顿首都剧场。玛丽莲好好打扮了一番，刚出现在剧场，就被粉丝们团团围住了，全场回荡着尖叫声："玛丽莲！玛丽莲！"然而，粉丝们的热情无法温暖玛丽莲苦闷的内心，她讨厌这部片子、讨厌米勒编的对白、讨厌怀尔德的指导，也讨厌自己的形象。回到公寓，玛丽莲躲在克利夫特怀中哭道："我完蛋了！上部电影是一场灾难，《乱点鸳鸯谱》也是一个失败。我讨厌糟糕的票房和空空的影院！《热情似火》上映后，我能拿到好莱坞任何一个角色，如今，我却只能出演二流角色。"

《乱点鸳鸯谱》上映的第一个星期，票房净收入只有5.5万美金，而影片的总投入则超过400万美金，毫无疑问，这是一部失败之作。盖博没有读到人们对《乱点鸳鸯谱》的评价，或许也算是一种幸运，但玛丽莲读到了。《时代》杂志说："正如玛丽莲一样，罗斯琳的人生也是破碎的，是

蒙哥马利·克利夫特和玛丽莲一起出席活动

被粗暴对待的，她辗转于各种各样的男人，很无助，但却欲望不断。"波斯利·克劳瑟在《纽约时报》中写道："演员的形象都是肤浅的、不合理的，这是导致电影失败最大的问题。玛丽莲完全是模糊的、让人费解的。"米勒的传记作家马丁·戈特弗里德（Martin Gottfried）写道："玛丽莲在《乱点鸳鸯谱》中根本就没有表演。她总是心不在焉的，甚至是茫然的。她对剧本的诠释也是失败的，因为她处于一种恐慌的状态中，无法和她的搭档配合。那个在喜剧中让人戒心全无的玛丽莲·梦露，在屏幕上极具吸引力的玛丽莲·梦露，在这部影片中消失得无影无踪。"

被困疯人院

　　《乱点鸳鸯谱》的失败令玛丽莲有了新的担忧，她害怕自己会从好莱坞银幕女神的宝座上摔下来，她对李·斯特拉斯伯格说："或许（伊丽莎白·泰勒）要坐上那个宝座了。不过除了那个女人，好莱坞几乎是二十几岁女人的天下。"斯特拉斯伯格意识到，玛丽莲是在害怕衰老。他劝她立一份遗嘱，并告诉她："你需要一份遗嘱，不给阿瑟·米勒留任何东西。"

　　玛丽莲起初不同意，她说："遗嘱是老人才立的，我还要拍很多电影呢。"但她还是这么做了。在知名律师阿瑟·弗罗施（Arthur Frosch）的见证下，她立下了遗嘱，除了部分捐赠以外，李·斯特拉斯伯格成了遗产的主要继承人，不过，最终的受益人其实是安娜·米斯拉伊——1966年宝拉去世后，李·斯特拉斯伯格娶了安娜，而1982年斯特拉斯伯格去世后，安娜成了唯一的继承人。几十年来，她依靠咖啡杯、T恤、钢笔和纪念品的授权赚得盆满钵满。另外，玛丽莲把约四分之一的财产留给了克里斯医生。

　　之后，李·斯特拉斯伯格提出了一个自认为很明智的主意，那就是把经典舞台剧《雨》（Rain）改编成电视剧。《雨》是 W. 萨默塞特·毛姆（W.Somerset Maugham）的作品，曾被葛洛丽亚·斯旺森、琼·克劳馥和丽塔·海华丝（Rita Hayworth）搬上银幕。玛丽莲认为是"又一个婊子的角色"，不愿出演，但在斯特拉斯伯格的极力劝说下，她同意了。她说："我演的角色非常乐观，她即使很悲伤，也明白如何变得快乐。要知道，这点是很重要的。"

　　这个剧本被力荐给美国全国广播公司，并且受到了董事们的一致好评。他们愿意出10万美金邀请玛丽莲出演。谈判一直很顺利，但斯特拉斯伯格

坚决要求由他执导，美国全国广播公司不答应。凭借对玛丽莲巨大的影响力，斯特拉斯伯格让玛丽莲退出了这次拍摄，尽管玛丽莲很需要钱，但这笔交易还是作罢了。

就在那时，福克斯力劝玛丽莲出演电影《再见，查理！》（*Goodbye Charlie*）。为了摆脱数不尽的无眠之夜和"忧郁的日子"，玛丽莲决定重返银幕，正好她还欠福克斯一部电影。《再见，查理！》是一部喜剧片，讲一个黑帮硬汉死后投胎成了女人的故事。玛丽莲看完剧本就改变了主意，她很鄙视这个故事，因此拒绝出演。斯库拉斯威胁要起诉她，但玛丽莲依旧没有接下这部片子。导演人选方面，福克斯也花了不少心思，但他们和玛丽莲一样，都认为剧本实在太差了。最终，福克斯安排文森特·明奈利（Vincent Minnelli）担任导演，托尼·柯蒂斯和黛比·雷诺斯出演男女主角。影片于1964年上映。正如玛丽莲预想的那样，这部电影乏味无趣，票房惨淡。

没有工作、没有约会，玛丽莲把自己锁在公寓里。她不愿和外界接触。她说："不管我去哪里，人们总是盯着我，而且常常是不怀好意的。我所到之处，女人们总是搬弄是非，而男人们总是想玩玩我这个老女人。"很多前来探望的朋友都被她拒之门外。有时，有些名人想为她牵牵线，也都被她拒绝了。她说："我厌倦了生活，也厌倦了自己是玛丽莲·梦露。"

然而，待在公寓里只会让她更伤感。离婚不久，米勒就把自己的打字机和书籍都搬走了。玛丽莲走进空空的书房，发现米勒把所有的东西都带走了，甚至包括墙上的三幅油画，那还是她买的。不过，他留下了她当年送的亲笔签名照，上边写着：永恒的爱。玛丽莲忍不住哭起来："这是结婚一周年时我送给他的。看来他根本就不在乎我。他还真是对得起我永恒的爱啊！"

佩皮通在回忆录里披露，那段时间，唯一能令玛丽莲感到宽慰的就是和乔·迪马吉奥的短暂重逢，但这种宽慰转瞬即逝，玛丽莲甚至比之前更加抑郁了。一天晚上，玛丽莲站在窗前，差点儿从十三楼跳下去，好在最后一刻，她"失去了勇气"。佩皮通说，玛丽莲觉得自己一生中就没有顺利的事情，还有几次都差点儿死了。第二天下午，克里斯医生建议玛丽莲住进医院："那里将给你提供一切关怀——你需要休养和康复。"玛丽莲不想去，但克里斯认为这是必要的——"或许下次你就不会退缩，而是真的纵身跳下楼去了"。1961年2月5日，克里斯陪玛丽莲去了康奈尔大学纽约医院，还为玛丽莲登记了一个假名——"法耶·米勒"。

玛丽莲和克里斯道别后，由两名护理员护送着去了房间。她们在走廊上走了很久，然后进了另一栋楼。她说："我们穿过铁门……这家医院不像我熟悉的任何一家医院，我感到前所未有的孤独。"两名护理员一直推搡着她，她对这种粗鲁的行为表示抗议。通过观察，她终于意识到，自己被困在了佩恩·惠特尼诊所的围墙里。她早就听过，这就是有名的"有钱人的精神病院"。弄清了状况，玛丽莲奋力挣脱了护理员的挟制。她尖叫着，抓伤了其中一名护理员的脸。然而结果是，这些行为恰恰证明她是个非常危险的"病人"。

玛丽莲又踢又叫，但仍旧被拖进了一个小牢房，房间里几乎没什么家具。一扇塑料门上贴着"厕所"的标志，不过门是锁着的。她被扔在地上，随即听到铁门被锁上了。她坐起来，看着四周的墙壁，先前的居住者在上面留下了不少划痕。他们是想摆脱囚禁吧？

整整两个小时，玛丽莲紧握双拳捶打铁门，弄得手都流血了。最后，两名结实的护士出现了。她们警告她，如果她再不安静下来，她们将用约束衣。护士强迫玛丽莲穿上医院的绿色长袍，离开前还关掉了房间里唯一的灯。玛丽莲处在一片黑暗之中，她一直哭到天亮，还闹着要吃药。后来她了解到，这种症状有个专称叫"骤然停药"。

次日，两名医生来看她，她对他们大吼："你们不能这样对我！你们不知道我是谁吗？我是玛丽莲·梦露！"她一直坚持说："我没有疯！"房间里有一个观察窗，大约有一平方英尺，透过窗户，走廊里任何人都可以看到她。一天下来，几乎所有的工作人员都会出现在窗口，只为了看看玛丽莲·梦露。她拜托一名护士给斯特拉斯伯格夫妇送去了便条。她恳求他们去找克里斯，希望自己能赶紧出院。她写道："如果我一直困在这个鬼地方，肯定会疯掉的！请帮帮我吧！无论如何，这都不是我该待的地方。"但是，斯特拉斯伯格夫妇没有给她回信，也没有给克里斯打电话。

后来，玛丽莲在给格林森的信中写道："病房里有许多尖叫的女人——我的意思是，她们之所以尖叫，是因为这里的生活不堪忍受。我想，如果有位心理医生和她们交谈，或许她们的痛苦能缓和很多，即便只是暂时的。"她还说，诊所里的每一位工作人员都在虐待她。不过，一位护士在接受《生活》杂志的采访时却说："我们对她呵护备至。每次看到她，我们就不禁想把她抱在怀里。我们想给她带去慰藉，想对她说'一切都会好起来的'。她像一个孤独的小孩儿。你知道，此时我们要做的就是为她擦干眼泪，拍拍她的头，并且握着她的手。"

在佩恩·惠特尼诊所治疗期间，玛丽莲每天都很痛苦，她无时无刻不在想着逃离这个可怕的地狱。一天，一位护士陪她散步时，她看到墙上有一部电话，便向那位护士借了钱，给正在佛罗里达的乔·迪马吉奥打了电话。迪马吉奥当时正担任纽约洋基棒球队的击球教练，在圣彼得斯堡附近进行春季训练。接到玛丽莲的电话，毫不了解情况的他吃了一惊。"你怎么就跑到疯人院去了？你又不是疯子。"玛丽莲向他求救："求你了！快救救我！"

迪马吉奥先打电话给克里斯，要求见玛丽莲，还威胁说："你要是不同意，我就把疯人院夷为平地——我说到做到！"因此，在迪马吉奥抵达之前，克里斯就签好了玛丽莲的出院单。院方开出了5000美金的医疗账单，迪马吉奥立刻写了支票。在当时，这笔钱相当于一个普通中产家庭一年的收入。玛丽莲也被要求在支票上签了名字。支票随后落入医院的一位收藏爱好者手中。他认为这张由玛丽莲和迪马吉奥联合签名的支票将来绝对值10万美金。

迪马吉奥挽着玛丽莲从后门离开了。她靠在他身上，感谢他救了自己。玛丽莲的按摩师朋友拉尔夫·罗伯茨和克里斯在车里等两人。玛丽莲见到克里斯后大叫道："你这个贱货！你怎么能这么对我！你竟敢出卖我！"她怒火中烧，当场就给了克里斯一个耳光。迪马吉奥事后替玛丽莲辩护道："我从未见过玛丽莲如此愤怒。考虑到克里斯医生的所作所为，玛丽莲此举也是情理之中的。"迪马吉奥一路上默不作声，送玛丽莲回到了公寓。玛丽莲在门口朝克里斯吼道："你给我滚！我再也不想看到你！"克里斯知趣地离开了，此后再也没来见过这位明星病人。

玛丽莲的身体状况很糟糕，她和迪马吉奥都觉得，她至少还需要休养三个星期。于是，迪马吉奥安排她入住了哥伦比亚大学长老会医院神经科。他安顿好玛丽莲，确定专线电话畅通后，与她深情吻别。他要回华盛顿，不过他保证，每天都会打来电话。然而迪马吉奥离开后，玛丽莲第一个电话打到了总统办公室。肯尼迪总统对她的遭遇表示同情，还许诺会很快与她见面。

这一次，玛丽莲非常满意，她不仅受到了高度礼遇，还不用吃医院的食物。佩皮通每天都会送来意大利面、蔬菜通心粉汤和她最爱的点心——巧克力布丁。一位阿瑟·米勒的诗人朋友去医院看望了玛丽莲，尽管他觉得玛丽莲恢复得不错，但仍表示担忧："她还是很虚弱，不仅是身体，还有灵魂——那才是欲望的驱动机。她的眼睛里根本就没有光。"

由于戒了毒瘾，加上良好的调养，三个星期后，玛丽莲出院了。医院外，粉丝们已经迫不及待地想要一睹偶像的风采了。她由六名保镖护送着，艰难地穿过了人海。公关约翰·斯普林格（John Springer）当时也在场，他说："玛丽莲看上去气色不错，可以说是神采奕奕。她终于恢复了纤细的身材，身着米黄色羊绒衫和配套的短裙。她把头发染成了香槟色，鞋子也是香槟色的。"

1961 年 3 月底，玛丽莲飞往佛罗里达和迪马吉奥团聚。迪马吉奥忙里忙外，努力为她营造舒适的环境。他订了两间相互连通的套房。洋基队非常期待玛丽莲的到来，一位队员对迪马吉奥说："玛丽莲·梦露是鼓舞士气的不二人选。"当时，迪马吉奥已经 46 岁了，处于半退休的状态，心境十分平和。据说他告诉玛丽莲："如果我是七年前的你，那我也会选择离开我。"

此次探访洋基队之行招致了大批记者和摄影师。但大部分时候，玛丽莲都很低调。美联社的摄影师千辛万苦才拍到了玛丽莲和迪马吉奥手挽手在海边散步的照片。她裹着方巾，戴着墨镜，面容几乎无法辨认。不过这张图片

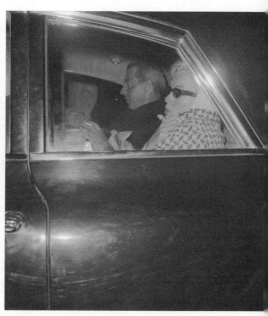

迪马吉奥和玛丽莲恢复了恋爱关系，这一
次两人低调很多，相处也更为融洽

还是传遍了大街小巷。编辑们配上了这样的文字：第二次，爱情之路更加顺利。玛丽莲独自出门购物时，依旧用方巾和墨镜掩面。她不化妆，身穿宽松裤和肥大的男性 T 恤，以免被路人发觉。那段时间，她经常胃痛和痉挛，迪马吉奥让她去看医生，她却说："我现在还无法接受任何医生或者医院。"

玛丽莲后来对珍妮·卡门说，她非常享受和迪马吉奥在一起的时光，但不会和他长相厮守。"我非常爱他，但他'这剂药'实在太猛，我只能小剂量享受。""他看体育节目时，我就给他冲茶。早上我还会给他煮咖啡。我耐心倾听他抱怨队员酗酒和飙车问题。"

洋基队的训练在 4 月份结束，迪马吉奥和玛丽莲一起回了纽约。迪马吉奥在列克星敦酒店租下了套房，玛丽莲经常前去造访。她对自己 57 号街上的公寓已经失去了兴趣——她不在的这段日子，阿瑟·米勒租了一辆搬家车，运走了大部分家具，一些房间空得只剩下地毯；他们之前还养了一条巴吉度猎犬，名叫"雨果"，现在也没了踪影。对玛丽莲来说，生活中剩下的东西似乎越来越少了。

不久，弗兰克·辛纳特拉从棕榈泉打来电话，久别之后，玛丽莲终于回到了西海岸，再次投入了辛纳特拉的怀抱。玛丽莲仍期待着辛纳特拉能向自己求婚，但她没得到戒指，而是得到了一只贵宾犬。她给它起名"黑手党"，借此调侃辛纳特拉和黑手党的关系。当时，她仍忍受着失眠的困扰，陪她一起来加州的按摩师罗伯茨特地为她安装了"全黑窗帘"，因此，她常常能一觉睡到中午，甚至下午。

当然，玛丽莲仍然在等杰克·肯尼迪的召唤，她称两人的关系是"热带之风"。她还经常去劳福德家中做客，大部分时候都有辛纳特拉陪同。劳福德向她保证，她很快就能见到总统先生了。没多久，杰克真的来了。劳福德打电话邀请玛丽莲时，她激动得手舞足蹈。劳福德不得不提醒道："千万别动真感情。针对儿子们，大使的教育理念是'尽可能多地跟女人上床'。另外，杰克非常清楚性和爱之间的区别。"玛丽莲回答说："别担心，我不会迷失自己的。"

那天，玛丽莲和男伴小萨米·戴维斯一同前去劳福德家里赴约。宴会结束后，玛丽莲和杰克躲到了楼上的一个房间里。传言称，劳福德在那里给两人拍了多张裸照。后来，这些臭名昭著的照片都被曝光在了大卫·哈里曼（David Heymann）的传记《名为杰基的女人》（*A Woman Named Jackie*）中。不过，如今这些裸照已下落不明，或者它们已被销毁，又或许这件事从未发生过。

1961 年 6 月 7 日，玛丽莲应辛纳特拉之邀飞往拉斯维加斯，参加迪恩·马丁 40 岁生日派对。她状态依旧不佳，整日抱怨身体右侧疼。医生严禁她喝酒，但还没到派对，她就已经烂醉如泥了。在派对上，她遇到了"宿敌"——伊丽莎白·泰勒。玛丽莲向泰勒伸出手，泰勒却狠狠地瞪了她一眼，神情中流露出强烈的反感。随后，派对中心挪到了靠近弗兰克表演舞台的桌子旁。泰勒坐到了桌子的另一端，离玛丽莲远远的。醉醺醺的玛丽莲还真闹出了洋相，她吐到了弗兰克·辛纳特拉的燕尾服上，令在场的宾客大吃一惊。

1961 年 6 月的第三个星期，玛丽莲和罗伯茨回到了纽约。6 月 28 日，她疼痛难忍，被担架抬到了曼哈顿综合医院。初步检查后，她被确诊患有胆结石和胆囊炎，院方要求立刻进行手术。理查德·科特雷尔（Richard Cottrell）医生后来说："或许她花容月貌，但身体已经一团糟了。她的子宫还在出血，结肠也出现了溃疡。"

乔·迪马吉奥第一时间赶到了医院，并和外科医生约翰·哈米特（John Hammett）见了面。哈米特说："酗酒和吸毒让她的情况不断恶化。"打麻药之前，玛丽莲变得歇斯底里，她很害怕，不停地说医生要划开自己的身体，把自己变成怪兽。

好在，手术十分顺利。玛丽莲醒来时，迪马吉奥正在一旁陪着她。她温柔地说："我需要你的时候，你总是在我身边。我真的很感激你。"

迪马吉奥向她保证说："我会永远守护你。"

这段时间，玛丽莲的公关帕特·纽科姆（Pat Newcomb）负责接待媒体，

玛丽莲、辛纳特拉和劳福德夫妇的关系一直很好，常常聚在一起

阿瑟·米勒的前秘书梅·赖斯（May Reis）负责处理信件，佩皮通则负责照料公寓，并且每天为她带来可口的饭菜。直到医生确定玛丽莲恢复状况良好后，迪马吉奥才安心离开。临走前，他和玛丽莲吻别，说自己会和她保持联系。殊不知，玛丽莲差点儿卷入一起刺杀活动。

白宫情缘

　　玛丽莲和萨姆·吉安卡纳在西海岸的亲信约翰尼·罗塞利一直有联系。罗塞利策划了许多疯狂的事件，其中最匪夷所思的，莫过于试图利用玛丽莲谋杀古巴领导人菲德尔·卡斯特罗（Fidel Castro）。黑手党对卡斯特罗可谓恨之入骨，因为卡斯特罗破坏了他们的赌场生意。罗塞利听说玛丽莲是卡斯特罗最中意的电影明星，他认为只要玛丽莲同意合作，施展一下"美人计"，进入卡斯特罗的宅邸是轻而易举的。罗塞利出面问玛丽莲是否愿意合作，玛丽莲竟然一口答应了："我一直都想做间谍。我知道风险很大，但我就是爱玩儿。说不定以后我的回忆录和电影版权能卖好几百万。这对我的演艺事业无疑是一种助力。这样我就能名垂奥斯卡历史了。"

　　出院不久，罗伯茨陪玛丽莲来到华尔道夫酒店。罗塞利带玛丽莲上楼见了吉安卡纳。会面结束后，罗伯茨原本打算送玛丽莲乘出租车回家，但玛丽莲说想先走一走。路上，她看到一家文具店，便走了进去。罗伯茨后来说，就是在这家店，玛丽莲买了一个红色日记本。这本日记后来成了舆论中心，但它至今下落不明。一些传记作家认为，这本日记根本不存在，但玛丽莲的朋友们都说见过它。

　　专栏作家詹姆斯·培根说，玛丽莲一直在记日记。苏珊·斯特拉斯伯格则称她是"伟大的记录员"。米尔顿·格林的妻子艾米也证实，玛丽莲经常写日记。另外，拉尔夫·格林森医生也让自己的病人记日记，对玛丽莲尤为如此。那天在文具店，玛丽莲告诉罗伯茨，她需要把重要的事情记下来，以免忘掉谁说了什么。

　　得知谋杀卡斯特罗的计划后，斯科尔斯基大发雷霆："你疯了吗？你想做

个替罪羊吗？这简直是自寻死路！"玛丽莲非常信赖斯科尔斯基，她保证自己会再认真考虑这事儿。她说："或许我真的应该退出。"斯科尔斯基劝她："尽早收手，免得酿成大祸。"那天晚上，玛丽莲彻夜未眠，但当她接到白宫打来的电话时，恐惧瞬间烟消云散了。

不过，利用"美人计"刺杀卡斯特罗的计划并没有实施，因为杰克·肯尼迪和黑手党的矛盾越来越大。黑手党认为，比起卡斯特罗，总统先生显然更棘手。起初，吉安卡纳天真地以为，帮助杰克·肯尼迪赢得大选后，黑手党就不会再受到政府的过度干预。然而，杰克·肯尼迪总统和他的弟弟——司法部长罗伯特·肯尼迪却开始严厉打击黑手党，严重妨碍了黑手党的利益。吉安卡纳最终得出结论，肯尼迪兄弟俩就是想铲除黑手党。面对罗伯特·肯尼迪不断地打压和监控，吉安卡纳也开始反抗。他打电话给罗塞利说："每个人都有总统梦，但我志不在此。我的目标是成为黑手党领袖，那可是领袖的领袖。我计划继续敲诈肯尼迪兄弟。总统先生有个致命的缺点，那就是女人。依玛丽莲·梦露所言，他对她是认真的，那我们就给他们设个圈套。我手里已经有些证据了，其中有照片，也有录像和录音带。"

但是，吉安卡纳大概没有意识到，自己的电话早就被 FBI 监听了。于是，1961 年的那个夏天，玛丽莲糊里糊涂地成了多个组织的"兴趣所在"，其中包括 CIA、FBI 以及黑手党，并且自那以后，她一直被持续监视。

一天晚上，玛丽莲受邀参加制片人查尔斯·费尔德曼举办的派对。其间，费尔德曼把玛丽莲叫进家中的书房里，说是要给她一些建议。

玛丽莲尖锐地问道："为什么福克斯总把我看作瘟神？"

"玛丽莲，你看上去太糟糕了。作为好朋友，我必须直言不讳。"

"查理，真是谢谢你。每个金发女神都喜欢听这话。"

"妞儿，你得好好调整一下，否则你就完了。你或许还不知道，福克斯收到了很多恐吓信，都是冲着你来的。显然，很多人都知道你跟总统的事，他们写信给福克斯，扬言要曝光这些事。杰奎琳广受尊重，而你却是出了名的小三。信中大家都骂你是妓女。福克斯的大片再也不敢用你了，因为丑闻随时可能爆发。"

"谢了。今晚我玩得很开心，不过我得走了。"

说着，玛丽莲拿起外套，愤怒地冲向门口。随后的一个星期，她几乎没有离开家半步。跟杰克通电话时，她说自己经常失眠。因此，杰克送给她一块大大的羊皮，他住院接受手术期间，就曾把这块羊皮垫在背后。收到羊皮后，玛丽莲打电话给杰克："我太喜欢了。每晚我都会想着你入睡。当然，相比于羊皮，我更想要羊皮的主人。"

杰克说："谢谢你的恭维。"

1961 年 11 月，杰克飞往洛杉矶，为了答谢当地的支持者，他在比弗利山庄酒店举行了晚会，约有二百五十名宾客出席了活动。玛丽莲也在受邀之列，她身着紧身白色礼服亮相，显得既高雅又性感。自从费尔德曼和她谈过之后，她就努力减肥塑形，经常进行按摩和面部护理，整个人的气色好了很多。

马克·博亚尔（Mark Boyar）是肯尼迪总统在加州的财务负责人。他后来回忆说，看到总统邀请了玛丽莲，他大吃一惊，因为两人的绯闻已经闹得沸沸扬扬了。特工们小心应对，以防被摄影师拍到玛丽莲和杰克站在一起的画面。

活动结束后，总统在套房里举行了小规模的接待会，邀请了玛丽莲和顶级赞助者。随后，杰克和玛丽莲各自乘车，前往劳福德家中。在那里，还有一场更疯狂的派对等着他们。惠尼·斯奈德和玛丽莲一路同行，专门负责为玛丽莲补妆，保证她时刻都能"闪亮登场"。然而，欢愉总是很快过去，忙于工作的杰克又一次在享乐过后匆匆离开。

1961 年年末，玛丽莲没有片约，整日无所事事，因此有大把时间胡思乱想。她几乎每天都要拜访格林森医生，有时候还不止一次，弄得格林森难以专心写书，也没时间接待其他病人或陪伴家人。而且，玛丽莲每天至少往白宫打一次电话，但总统先生通常很忙，不是外出了就是在开会。一次，她还打到了他的私人公寓中，接电话的是杰奎琳，她连忙挂断了。

当然，玛丽莲和白宫的联系并不只有总统先生。有时候，总统先生不在，

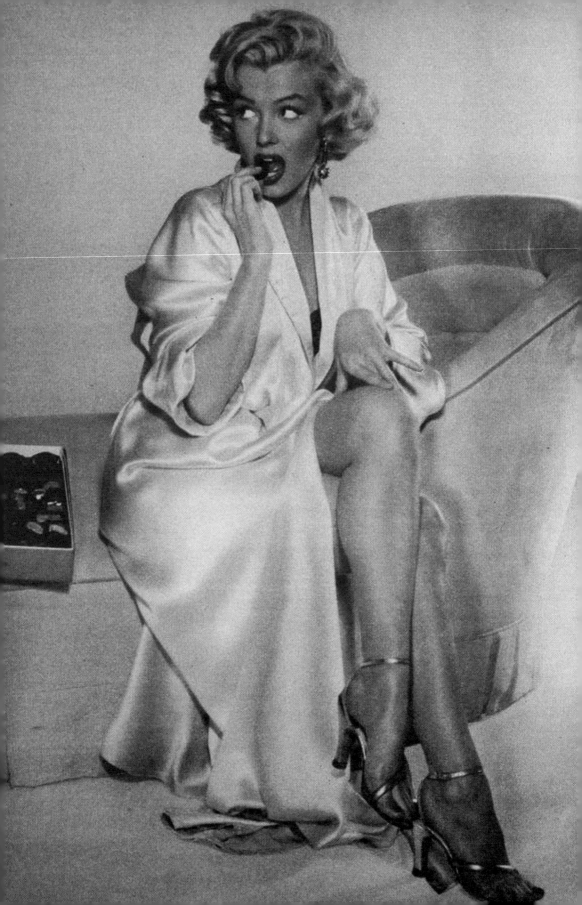

司法部长接电话也是不错的。罗伯特·肯尼迪和玛丽莲之间的那点事儿，白宫的工作人员都知道。说起两人相遇相识，大致可以追溯到这一年的 10 月。

当时，罗伯特·肯尼迪飞往洛杉矶，会见了当地的执法警官，共同探讨如何治理南加州地区的暴力活动。10 月 4 日，帕特里夏和丈夫设宴欢迎罗伯特，劳福德邀请了玛丽莲。玛丽莲非常重视这次宴会，专门定做了晚宴礼服。在黑色晚礼服的映衬下，她那白嫩的肌肤和金色的头发越发诱人。晚礼服没有带子，上沿布满了花边网眼，十分惹眼。琼·布拉登（Joan Braden）回忆了玛丽莲到达宴会时的场景："大家都注意到，她没有戴胸罩。罗伯特·肯尼迪目不转睛地注视着玛丽莲。他喝酒比较节制，而玛丽莲则一杯接着一杯，她甚至还教罗伯特跳扭扭舞。"玛丽莲还当着帕特里夏和劳福德的面问罗伯特："作为司法部长，你是否在床上逮捕过女人？"

宴会还没结束，玛丽莲就已经酩酊大醉了。罗伯特答应送她回去，为了掩人耳目，他还带上了自己的新闻助理。故事的下文很模糊，不过，在一次和珍妮·卡门小酌时，玛丽莲透露说自己和罗伯特·肯尼迪关系亲密。罗伯特的妹妹琼·肯尼迪·史密斯（Jean Kennedy Smith）也写信给罗伯特说："心爱的鲍比（罗伯特），听说你跟玛丽莲现在是好莱坞的热议话题。"

罗伯特在和妻子埃塞尔·肯尼迪（Ethel Kenndey）结束了 14 国亲善之旅后，又一次打电话给玛丽莲。两人的感情再度升温。与此同时，玛丽莲还经常往白宫寄手写的情书。罗伯特的助理证实，玛丽莲频频给罗伯特打电话。玛丽莲的女仆也说："罗伯特和玛丽莲每天要打好几个小时的电话。"

总统、情人和前夫

　　然而，随着国内形势的复杂化，肯尼迪兄弟没有时间和精力应付玛丽莲的热情了。玛丽莲感觉到自己被冷落了，更不愿意出门。在格林森医生的介入下，尤尼斯·默里（Eunice Murray）来到了玛丽莲身边。默里兼做社交秘书、管家、女伴、衣柜整理女仆和厨娘，珍妮·卡门称她为"爱巢中的间谍"。玛丽莲的朋友们都不喜欢默里。惠尼·斯奈德后来说："默里非常沉默，也非常神秘，经常跟在玛丽莲身边，观察玛丽莲的一举一动。"格林森医生要求默里向自己汇报玛丽莲的行为，还要记录每位到访者的姓名和性别。

　　默里到了玛丽莲家里后，第一个任务就是检查药箱。她发现玛丽莲藏了很多塑料瓶，其中装着安眠药、止痛片、镇静剂等。默里后来说："来的第一个星期，我就惊讶地发现，玛丽莲非常不讲卫生。如果不必出门，那她一个星期都不洗澡，头发也是乱糟糟的。她经常穿着浴袍在屋子里跑来跑去，还不让我洗那件浴袍。有时候，她连浴袍都不穿。"

　　玛丽莲决定买个房子，她让默里帮忙在周围寻找合适的住处。默里找了一处宅邸，非常符合玛丽莲的要求。这座宅邸建于 1928 年，位于洛杉矶的布伦特伍德，坐落在海伦娜第五大道的尽头，主人是一家电影公司的会计。

　　玛丽莲对它"一见钟情"——瓦房屋顶、厚厚的院墙、花园和椭圆形游泳池，池边还环绕着 1901 年栽培的桉树。她联系了公关帕特·纽科姆，邀纽科姆一起去看房子。房屋内部十分低调朴素，房间也比较小。客厅里除了壁炉，仅容得下一张沙发和两把扶手椅。玛丽莲称之为"玩偶之家"。"我可以接受。"玛丽莲说，"我可没想住在凡尔赛宫，也没想像路易十六的王后那样，在宏伟宽敞的宫殿里玩抛球游戏。"屋子有一间日光房通往花园，紧挨着日

玛丽莲在海伦娜第五大道的新居。迪马吉奥原本希
望和玛丽莲复合，再生几个孩子，因此觉得这房子
太小了

光房还有一间小小的客房和一个车库。玛丽莲说："我可以过上与世隔绝的生活了。"

房主出价 7.75 万美金，玛丽莲向迪马吉奥借了 4.25 万用于首付。她还邀请他到新家过圣诞节。迪马吉奥答应了，但是，他和默里相处得很不愉快。他告诉玛丽莲，除非默里离开，否则自己立刻就走。于是，默里带着满腔怨恨回了自己家。迪马吉奥觉得房子太小，他说："如果你想跟我复合，那我们得买个大房子，这样才能养得下八个孩子。"不止一人看到两人携手进出、共同用餐，因此，外界纷纷猜测两人正在热恋中，而且极有可能会复合。迪马吉奥并不是没有听到关于玛丽莲和肯尼迪兄弟的流言，但他主观上并不愿意相信玛丽莲的生活会如此混乱。如果有朋友在他面前说玛丽莲的坏话，他就会非常愤怒。

在洛杉矶期间，迪马吉奥拜访了格林森医生，向迪马吉奥咨询了玛丽莲的状况。然而，从格林森医生那里，迪马吉奥再次听说了很多他不愿意相信的事，包括玛丽莲和肯尼迪兄弟的交往。离开格林森医生家后，迪马吉奥立刻联系了好莱坞最臭名昭著的侦探——弗雷德·奥塔什（Fred Otash）。他尤其擅长跟踪和监听影星。他的保镖约翰·达诺夫（John Danoff）说，迪马吉奥雇自己的老板对玛丽莲进行了调查。奥塔什偷偷溜进玛丽莲家里，布置了监听设备，同时，他还监听了劳福德的家。而且，奥塔什居然把玛丽莲的行踪都报告给了约翰尼·罗塞利。自然，罗塞利一定会转而报告给自己的老板吉安卡纳。

迪马吉奥决定前往旧金山后，玛丽莲便叫回了默里。玛丽莲希望默里陪自己前往墨西哥，为新家采购家具。默里有亲戚在墨西哥，于是先行一步，玛丽莲则将于一个星期后和默里会合。

玛丽莲的第一站是圣彼得斯堡附近的冬令营营地，迪马吉奥正在那边指导洋基队训练，但是两人的见面很不愉快，因为奥塔什告知迪马吉奥，玛丽莲正在"跟一帮危险分子厮混，不仅仅是肯尼迪兄弟"。迪马吉奥忍不住质问玛丽莲，从而引发了一场争论。玛丽莲勃然大怒，指责迪马吉奥无权干涉自己。她很快收拾好行李，登上了飞往迈阿密的飞机，投入杰克·肯尼迪的怀抱。

玛丽莲住进了迈阿密海滩的一家酒店，她是在套房里办的入住手续，而不是像其他客人一样在大厅。而且，她的套房和杰克·肯尼迪的套房是相连的。各大媒体早就已经报道说肯尼迪总统将前往棕榈泉陪伴家人，时间是1962年2月6日和7日。不过玛丽莲十分清楚，杰克是不会老老实实待在家里的。

FBI局长胡佛命令特工时刻关注着玛丽莲的动向，还监听了她的电话。得知了玛丽莲的日程安排后，他在墨西哥也部署了特工。玛丽莲给迪马吉奥写了封信，为自己过激的言辞道歉。迪马吉奥收到信后，立刻给她打了电话。两人和好如初，并约定在好莱坞重聚。

玛丽莲写完信不久，杰克就到了。她扑进他的怀里，与他热烈亲吻。杰克离开前，玛丽莲说："最近我要出演法王路易十六的王后玛丽，我读了很多关于她的故事。据说，她父亲有个情人，叫蓬帕杜夫人，只要他想，蓬帕杜夫人就能溜进宫殿。"她进一步提议说，如果杰克愿意，她也可以放弃事业，移居华盛顿，在附近租个房子，随时听候他的召唤。"对我来说，'第一情妇'这个称号还是很高尚的。对你来说，这样也很方便。"但是，杰克没有答应。两人在迈阿密海滩的黄昏中告别，杰克随后乘车前往棕榈泉。

玛丽莲在酒店又停留了一晚，当晚，约翰尼·罗塞利拜访了她。他提醒玛丽莲不要去墨西哥，但没有说具体原因，只说会有危险，因为FBI和CIA都在那里部署了特工。尽管如此，玛丽莲还是执意前往。她一夜无眠，吞了很多药，还喝了许多香槟。

从套房出来时，她发现门口站着两名特工，准备护送她下楼。"我们奉命前来，确保您安全出行。"其中一名特工指着货梯道，"我们走后门出去，这样您就不会经过大厅了。我们已经在小巷里给您准备了轿车。"

玛丽莲坚持要走大厅，一名特工强硬地抓住她，"我只是奉命行事。你必须跟我们走"。就这样，她被两名特工"保护"着一路到了机场。她后来对按

摩师朋友罗伯茨说:"先是罗塞利告诫我不要去墨西哥,接着又遇到两个野蛮粗暴的家伙,我差点儿被气死!我觉得我都没法掌控自己的生活了。我才不管什么警告。我就是要去墨西哥!我可是大腕,我知道怎么安排自己的生活。"

玛丽莲抵达墨西哥后,很多人前来接机,其中有默里、发型师乔治·马斯特斯(George Masters)和公关帕特·纽科姆。当然,还有一大批摄影师和记者。玛丽莲身穿草绿色紧身裙,盛装踏上了墨西哥的土地。不过,她并没有买多少家具,而是带回了一个年轻帅气的墨西哥情人——约瑟·博拉尼奥斯(Jose Bolaños)。

1962 年 2 月,玛丽莲回到好莱坞。她决定带博拉尼奥斯一起去参加金球奖颁奖仪式。为此,她定制了一条翠绿色及地长裙,上边还嵌有珍珠,但她对设计并不满意,福克斯的两位设计师特意赶来为她修改礼服。修改后的礼服最大的亮点不是低胸,而是大胆裸露的后背。第二天晚上,当玛丽莲和博拉尼奥斯亮相典礼现场时,众人的目光都聚集过来。

玛丽莲的好友苏珊·斯特拉斯伯格也出席了典礼。苏珊后来说:"玛丽莲到的时候就已经醉了。她几乎无法控制自己,甚至开始胡言乱语。她的礼服肯定是缝到身上的。我真替她感到难堪。她简直是当着好莱坞众人的面羞辱自己。唯一撑得起场面的就是约瑟·博拉尼奥斯。他就是个活生生的洋娃娃,那么帅气,那么彬彬有礼,还那么性感。据说他是玛丽莲横刀夺爱抢来的情人。"

正当玛丽莲和博拉尼奥斯沉浸在甜蜜中时,迪马吉奥打来了电话。显然,他听说了颁奖典礼上的事。玛丽莲赶紧把博拉尼奥斯藏了起来。在珍妮·卡门的帮忙下,博拉尼奥斯住进了比弗利山庄酒店。卡门说:"他(博拉尼奥斯)非常失落,不过玛丽莲保证,第二天下午来探望他。"

迪马吉奥一抵达洛杉矶就直奔玛丽莲家中,他的传记作家理查德·本·克拉玛记录道,他住进玛丽莲家,把玛丽莲如小猫般搂在怀里,"两人依偎在客厅地板上。屋子里还是空空如也,家具寥寥无几,只是铺了一块地毯。她兴奋地说自己领养了一名墨西哥孤儿,而且孩子非常漂亮"。玛丽莲还不停地抱怨刚接手的剧本《濒于崩溃》（*Something's Got to Give*）。迪马吉奥对她说："跟我走吧，我有能力照顾你。我可不缺钱。"玛丽莲没有答应，迪马吉奥再次独自离开了。

每个人都在嘲笑我，我恨透了这些。大胸、大屁股，好像多大事儿似的，难道我不能成为别的什么吗？上帝，我可以性感多久呢？

Part 06

明天在哪里

濒于崩溃

1962 年早春，玛丽莲接到杰克·肯尼迪从白宫打来的电话。他邀请她到棕榈泉附近的幻象山庄度假。3 月 24 日，星期六，劳福德奉命带玛丽莲去棕榈泉。上午 9 点，劳福德就驱车到了玛丽莲家里，不出意料，玛丽莲直到下午 2 点才露面。她戴着深褐色假发、牛角框眼镜，手里还拿着笔记本和几支削尖的铅笔。

玛丽莲伪装成白宫的新秘书，乘坐"空军一号"飞往棕榈泉。劳福德带她经过重重安保，终于到了约会地点。她被安排在一个隐蔽的小屋里，那小屋和主体建筑之间隔着排排的树木。杰克直到当晚 10 点才出现。他刚参加完一场正式晚宴。他换上卡其布裤子和浅蓝色高领毛衣来到小屋，玛丽莲则身穿香奈儿睡衣迎接了他。

后来，玛丽莲对珍妮·卡门说："约会期间，我一直在幻想他抛弃妻子，让我做第一夫人。你想啊，嫁给世上最出色的运动员和最卓越的剧作家，以及最杰出的政客，对一个笨笨的金发女郎来说，绝对是不错的选择，是吧？"

随后，总统先生飞离了加州，玛丽莲也被劳福德送回了家。肯尼迪的密友乔治·史迈特后来证实说："杰克分享了他在棕榈泉的时光。他说玛丽莲已深陷情网，幻想着要嫁给他。当然了，这简直是痴人说梦。玛丽莲似乎认为自己与众不同。毕竟，世上所有的男子都在给她写情书，其中不乏总统、国王、演员、运动员。不过在杰克看来，这不过是一段短暂的风流韵事。"

沉寂了许久之后，玛丽莲终于再度与 20 世纪福克斯电影公司签约，接拍了曾被自己拒绝过两次的《濒于崩溃》。根据合同，福克斯会付给她 10 万美金的报酬。得知伊丽莎白凭《埃及艳后》获得了百万片酬后，玛丽莲简直要抓狂了。另外，玛丽莲的搭档迪恩·马丁也拿到了50万的片酬合同，这更让她愤愤不平。福克斯威胁她说，如果她拒绝参演，那就法庭上见。律师提醒她说："要真是那样，恐怕要等你40岁才有机会再度出山了。"

《濒于崩溃》改编自1940年的电影，当时的主演是艾琳·邓恩、加里·格兰特和兰道夫·斯科特（Randolph Scott）。影片讲述了一个这样的故事：一个女人失踪多年，大家都以为她死了。然而，她在荒岛上绝处逢生，并最终回到了家里，但此时丈夫已经娶了新的妻子。玛丽莲对《濒于崩溃》的剧本的评价是"鸡毛蒜皮""陈词滥调"。

尽管如此，玛丽莲还是为自己的角色投入了热情。为了找感觉，她观看了《日落大道》（Sunset Boulevard），影片的女主角诺玛多年后再度上镜的一幕。诺玛和《濒于崩溃》中的女主角有着相似的内心活动。为了达到最佳状态，玛丽莲每天都要进行香水浴，欣赏弗兰克·辛纳特拉的歌曲，再让罗伯茨按摩几个小时。为了把头发染成自己钟爱的铂金色，她不惜使用过氧化氢和衣物漂白剂。另外，伊丽莎白·雅顿（Elizabeth Arden）为她准备了美容泥和脱毛蜡。玛丽莲还服了剂量惊人的维生素。只是，无论怎么努力，她也无法抹平日渐加深的皱纹。

开拍之前，玛丽莲本应去福克斯进行试装。然而试装当天，她直到中午也没有出现。制片人亨利·温斯坦（Henry Weinstein）打电话到她家里，许久，默里才拿起电话给了玛丽莲。温斯坦回忆说："玛丽莲的声音非常缥缈，仿佛隔了长长的隧道跟我对话。默里那个蠢货，她根本不知道玛丽莲怎么了！我火速赶到玛丽莲家里，路上还超了速。等我到那儿时，她都快不行了。我打电话叫了医生和救护车。我们火速把她送到医院，还给她洗了胃。我提议说，等她恢复了，再在她家里进行试装。"

拿到影片高档的定制服装后，玛丽莲神采奕奕。下午用餐时，她专门点了香槟和鱼子酱犒劳工作人员。随后，玛丽莲收到了肯尼迪兄弟的邀请。趁着修改剧本之际，她打算去一趟纽约。她头裹方巾，乔装打扮后到了洛杉矶国际机场。福克斯派女仆黑兹尔·华盛顿（Hazel Washington）随行，负责保

管她的礼服和貂皮大衣。

玛丽莲此行有两个目的：一是拜访李·斯特拉斯伯格，讨论《濒于崩溃》的剧本；二是参加总统先生的筹资晚宴。晚宴计划在公园大道旁的顶层公寓举办，公寓主人是社会名流菲菲·费尔（Fifi Fell）。晚宴的入场费为1万美金，堪称纽约城里独一无二的奢华。不过，晚宴的亮点并不是杰克·肯尼迪，而是玛丽莲·梦露。罗伯特·肯尼迪向富有的支持者们保证，玛丽莲绝对会出席晚宴。

为了迎接这场隆重的宴会，玛丽莲一个下午都没闲着。她请了知名发型师设计发型，还跟玛琳·黛德丽借了一名高级化妆师，所有人都在为她忙碌。晚会上，玛丽莲盛装亮相时，整个房间都安静下来。众人的目光齐聚在她的身上，其中不仅有杰克·肯尼迪总统和司法部长罗伯特·肯尼迪，还有他们的弟弟泰迪，即爱德华·肯尼迪。

在纽约停留期间，玛丽莲只要不跟肯尼迪兄弟厮混，便前去拜访李·斯特拉斯伯格，不断修改《濒于崩溃》的剧本。斯特拉斯伯格称自己患上了"人类史上最严重的感冒"，还提醒玛丽莲及时回避，不过，玛丽莲依然坚持和他一起工作。离开纽约前，她和斯特拉斯伯格约定，两人一同返回西海岸，玛丽莲让他担任自己"真正的导演"。

《濒于崩溃》开拍前，玛丽莲每天都要花上五个小时向格林森医生倾吐心中的不满。她说自己几乎被每个认识的男人"利用"过，但大部分时间，她还是在抱怨自己即将开拍的电影，斯派罗斯·斯库拉斯不断给她施压，还说什么"福克斯的命运就靠你的大胸了"之类的混账话。

《濒于崩溃》的开拍日期定于1962年4月23日，即玛丽莲去世前五个月。当时，玛丽莲感染了病毒，开拍第一天就未能露面，而这仅仅是个开始。4月30日，她路过福克斯门口。那时福克斯已经变卖了不少办公楼，濒临倒闭，再也不是1946年玛丽莲第一次看到的样子了，也无法再跟其他制片公司抗衡。

玛丽莲走进大门后，发觉推土机的隆隆声不绝于耳。建筑工人们忙着砸

《濒于崩溃》的片场照

地和移除片场布景。这里曾见证了许多大片的诞生，也见证了许多大腕的过往。《濒于崩溃》的导演乔治·库克对玛丽莲说："我们现在可是主力。这部片子是福克斯目前唯一在制作的影片。"九十分钟后，玛丽莲开始感到晕眩，被送到了更衣室休息。福克斯的医生为她做了初步检查，嘱咐她卧床休息到5月11日。然而即便真到了那天，他也不确定玛丽莲能否回来工作。

休息期间，玛丽莲得知了一则恼人的消息——《法国星期日》杂志联系了她先前的表演教练娜塔莎·里特斯，并付给娜塔莎1万美金的稿酬，让她写了一篇对玛丽莲的回忆。玛丽莲担心，文章一旦发表，自己将失去粉丝们的支持。她动用自己的公关，希望买下这篇文章，但被杂志社拒绝了。杂志社认为文章一旦刊登出来，就能带来20万美金的收益。不过考虑到法律后果和其他因素，《法国星期日》最终并未刊登这篇文章。

5月5日清晨，玛丽莲的病情越发严重，她不停地打着冷战，床单都被汗水浸湿了。博拉尼奥斯又叫来了福克斯的医生。医生嘱咐她继续休息，还给她打了镇静剂。在福克斯的巨大压力下，5月7日，玛丽莲终于被扶了起来。她带着一堆安眠药、镇静药、抗生素和止痛药，乘车去了福克斯。但是，当天的拍摄还没结束，玛丽莲就旧病复发了。医生叮嘱她继续卧床休息。5月14日到16日，玛丽莲又撑着工作了三天。每次来片场，她的身后总是有大批人马随行，其中包括编舞杰克·科尔（Jack Cole）和表演教练宝拉·斯特拉斯伯格。一位参观片场的记者说："这帮人都在千方百计影响她，甚至想控制她。"库克非常鄙视宝拉·斯特拉斯伯格的体验派表演法，说它"矫揉造作"。

尽管拍摄压力很大，身体状况也濒于崩溃，但玛丽莲的传奇还在持续酝酿。5月17日上午11点半左右，彼特·劳福德驾驶从霍华德·休斯那儿借来的蓝色直升机，和公关帕特·纽科姆一起，把等候多时的玛丽莲带离了片场。库克向福克斯的老板们报告说："一只蓝鸟从天而降，掳走了我们的明星。"

总统先生，生日快乐

　　直升机在洛杉矶国际机场降落，随后，玛丽莲和劳福德及纽科姆一起登上了飞往纽约的飞机。此行，她应邀为杰克·肯尼迪总统的慈善生日会献唱生日歌。生日会在麦迪逊广场花园举行。玛丽莲的表演注定会成为她人生中的传奇。玛丽莲紧挨着劳福德坐在头等舱，她说："世上最性感的电影明星将前往纽约，为世上最性感的政客献唱生日歌。"

　　飞行期间，她毫无顾忌地大骂福克斯的那帮浑蛋，说他们威胁要开除自己，因为影片的拍摄进度过于缓慢。飞机抵达纽约艾德威尔德国际机场后，她戴上大号墨镜，披上铂金色貂皮大衣，缓缓走下飞机。她的高跟鞋把柏油路面敲得当当响。一大群记者和摄影师立刻围了上去。

　　在好莱坞，十八位女裁缝师加班加点赶制出了玛丽莲定制的价值 1.2 万美金的礼服。黑兹尔·华盛顿随后亲手将礼服送到了玛丽莲手中。礼服制作前，玛丽莲对设计师让·路易（Jean Louis）提出的要求是："设计一件只有玛丽莲才会穿的、独一无二的礼服。"让·路易因此从巴黎进口了一种特殊面料，面料中的丝线比普通织物精细五十倍，并且只用珠子和金片做点缀，设计了举世闻名的"裸色礼服"。路易说："准确来讲，我是把礼服雕刻到她身上去了。"最后试装时，所有的裁缝都鼓掌了。玛丽莲对他们说："对于一个 36 岁的老女人来说，这礼服还算不错。"离开纽约前，她对路易说："有了这件礼服，我就可以底气十足地跟肯尼迪总统的夫人宣战了。"不过，总统夫人并没有出席活动，而是带着孩子们骑马去了。

　　当晚的主持人是导演、作曲家兼制片人理查德·阿德勒（Richard Adler）。当时，民主党高层正在向阿德勒施压，有人反对玛丽莲出席。阿德勒打电话到卡莱尔酒店的总统套房，杰克打消了他的疑虑——"大家会喜欢她的"。玛丽莲向阿德勒保证，自己一定会庄重严肃地演唱，并且会穿上高领黑色晚礼服。阿德勒对一位好友说："或许这会成为一场惊天的丑闻和灾难。媒体一直在封锁杰克·肯尼迪和玛丽莲的'好事'，这次我们却要向全国观众播报。"

生日会当天，因为玛丽莲的礼服实在太紧，她连楼梯都走不了，最后几乎是让两名特工抬着才下了楼梯。阿德勒示意劳福德，玛丽莲已经做好了登台的准备，劳福德于是宣布："这位可爱的女士不仅貌美如花，而且还非常准时。"他向总统包厢挥手致意，"总统先生，玛丽莲·梦露到了。"但是，玛丽莲没有出现。一轮节目结束后，劳福德再次出现了。"这位女士不需要我向大家介绍了吧？"随即，鼓声响起，观众的目光都聚焦到了舞台入口处。然而，聚光灯下依旧没有玛丽莲的身影。又过了一轮节目，劳福德第三次出现在麦克风前："总统先生，在演艺界历史上，没有哪位女星有如此大的影响，也没有哪位女星有如此大的成就……"

话到此处，观众们看到了玛丽莲，全场开始疯狂地欢呼、尖叫。玛丽莲迈着细碎的步子，慢慢走向演唱台。她解下貂皮大衣，递给劳福德。劳福德说："女士们、先生们，迟到的玛丽莲。"玛丽莲轻轻拍了拍麦克风，随后，她把右手放在胸前，开口演唱：

祝你生日快乐，
祝你生日快乐，
祝你生日快乐，总统先生，
祝你生日快乐。

雷鸣般的掌声过后，她又献上一曲《谢谢你留下的回忆》（*Thanks for the Memory*）。

谢谢你，总统先生。

谢谢你所做的一切。

你领导的战斗，

你对钢铁公司问题的处理，

还有成千上万的其他问题。

十分感谢你。

演唱完毕后，总统先生来到台上跟粉丝们开起了玩笑："听过如此甜美而庄严的生日歌，我退出政坛也无憾了。"谢幕之后，玛丽莲来到台下问候罗伯特和杰克。随后她便乘车赶往美国艺术家联盟主席——阿瑟·克里姆（Arthur Krim）举办的派对。

政客阿德莱·史蒂文森也应邀出席。他后来说："我一直没找到机会跟玛丽莲·梦露小姐共舞。罗伯特·肯尼迪严密保护着她，他就像飞蛾一般，绕着玛丽莲这团火焰不停地舞蹈。"在早间栏目中，多萝西·基尔加伦写道，司法部长和玛丽莲共舞了五次之多，而当时，罗伯特的妻子埃塞尔就站在房间一角愤怒地看着两人。黎明之前，玛丽莲溜进了卡莱尔酒店的总统套房，和肯尼迪兄弟寻欢作乐。

筹资晚会结束后，杰克的母亲——罗丝·肯尼迪接到了无数电话。她分别打电话给两个儿子，敦促他们尽快跟玛丽莲撇清关系："不要让你们的家族蒙羞！"面对这一触即发的事态，杰克·肯尼迪派威廉·哈达德（William Haddad）前往游说《时代》和《新闻周刊》的资深主编，提醒他们不要刊登两人的任何绯闻。随后，杰克·肯尼迪告诉议员乔治·史迈特："我和玛丽莲的事情闹得太大了。我没法跟她交往了。杰奎琳简直要闹翻天了。而且，跟一个逐渐衰老的性感女神交往显得没那么划算了。"

但是，玛丽莲似乎完全没有意识到，自己已经站在了风口浪尖上。回到好莱坞后，她不停给肯尼迪兄弟的私人电话和白宫打电话，然而，没有任何

玛丽莲身穿裸色礼服，
即将上台为杰克献唱生
日歌。她不知道，杰克
已经准备抛弃她了

杰克一直避免在公开场合和玛丽莲见面，
这是两人唯一的一张合照

回复。她这才觉察到，自己被抛弃了。珍妮·卡门回忆道：“她暴跳如雷，扬言要报复。她非常痛苦，以至于开始嘲笑总统，说他在床上就像一个 13 岁的少年。”

劳福德后来说：“玛丽莲就是不愿承认，他们已经散伙了。我不断开导她，说她不如我了解罗伯特和杰克。如果他们玩腻了，那这个女人就成了过眼云烟。她其实也明白，但就是不愿意承认。她不断给杰克写信，而且继续给他打电话，不过没有用。我早就提醒过杰克和罗伯特，说玛丽莲是个大麻烦。罗伯特曾表示，自己可以应付任何情况，不过这次他也十分抓狂。”

回到洛杉矶后，玛丽莲接受了好莱坞记者们的采访，她说：“当天的活动真好。我喜欢庆祝生日，包括自己的生日，这让我意识到自己还活着。请对‘活着’一词做个强调。不过我不小心把自己的幸运符给弄丢了。”她看上去异常疲惫。她还告诉媒体：“能站在美国总统面前，我觉得万分荣幸。”

献唱活动结束十天后，玛丽莲给杰克寄了一块高档劳力士手表，表上刻有这样的文字：“杰克，一如既往地爱你。玛丽莲。1962 年 5 月 29 日。”她还亲手写了一首诗，名为《衷心祝你生日快乐》：

相爱之人，且诉衷肠。
玫瑰盛开，乐声奏响。
唇眸之间，激情点燃。
沐浴欢愉，徜徉快乐。
金色阳光，洒满天空。
苟不得爱，毋宁归去。

杰克生怕手表和情诗会成为致命证据，他让助理肯尼思·奥唐奈（Kenneth O'Donnell）把它们销毁。然而，奥唐奈不忍毁掉这“美国历史上重要的一笔”，偷偷保存了下来。四十年后，奥唐奈的家人把手表送往康涅狄格州的亚历山大签名拍卖行，一位匿名的收藏者以 12 万美金的价格拍下了它。

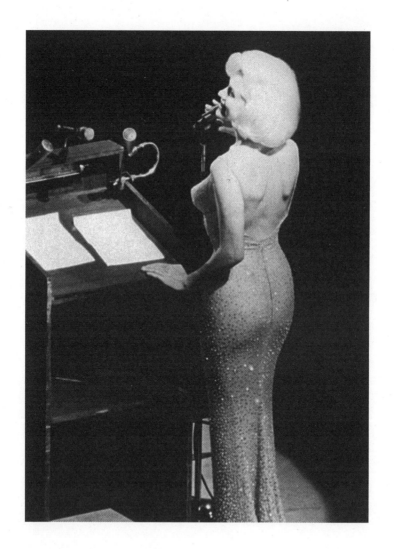

正在演唱《生日快乐歌》的梦露

没人要的梦露

在《濒于崩溃》的片场，库克一直在等待玛丽莲的出现。但最终，他却接到了医生海曼·恩格尔博格的电话，说玛丽莲患了慢性鼻窦炎，即便服用超大剂量的抗生素，也需要将近四个星期的时间才能痊愈。库克对此表示了强烈的质疑，他觉得玛丽莲又在装病。但玛丽莲是真的病了，体温高达 38.3 度，呼吸道堵塞，喉咙也严重感染。

库克把再次改编的剧本送到了玛丽莲家里，此次的改编者是沃尔特·伯恩斯坦（Walter Bernstein）。很快，玛丽莲就打电话给伯恩斯坦，要求重新修改剧本。伯恩斯坦后来说："玛丽莲提出了许多修改意见。她的要求随心所欲、前后矛盾，而且难以捉摸。她一会儿要改这个，一会儿要改那个，有时先同意了，后来又否定了，总之，非常纠结。"

1962 年 5 月 21 日，玛丽莲的搭档迪恩·马丁感冒了，烧到了 37.7 度，不过，出于对剧组利益的考虑，他还是带病前来工作。但玛丽莲拒绝和他演对手戏，她说自己刚刚痊愈，不想被传染。26 日，福克斯接到电话，说玛丽莲又感冒了。

5 月 28 日，库克终于集齐了四位主角——玛丽莲、赛德·查里斯（Cyd Charisse）、迪恩·马丁和汤姆·泰伦（Tom Tryon），但是，几分钟后，他就发现了问题。泰伦说："玛丽莲的动作绵软无力，和镜头格格不入。她说不出台词。演到中间时，她突然大呼'弗兰克'！我们都知道，她指的是弗兰克·辛纳特拉——当时他正在进行全球巡演。玛丽莲冲出片场，躲进了自己的化妆间。后来我从库克那里得知，她用口红在化妆镜上写了'弗兰克救我！弗兰克救我！'我真为她感到难过。"

　　《濒于崩溃》最终没有上映，不过，剧中玛丽莲裸泳的镜头却传遍了世界。库克说，玛丽莲在水里待了四个小时。本来剧组给她准备了连裤紧身泳衣，但在镜头里显得十分奇怪，玛丽莲主动脱了个精光。随后，她的裸泳照登上了70家杂志的封面，这些杂志遍布32个国家。福克斯由此获得的收益总计15万美金，比玛丽莲的片酬还要高出5万美金。

　　宝拉·斯特拉斯伯格后来说："玛丽莲拍这组裸泳照是有用意的。她希望向世人展示，虽然自己已经36岁了，但并没有像其他好莱坞明星一样步入中年。她的身材依旧热辣，而且并不介意展现。"

　　福克斯的老板彼得·雷瓦西（Peter Levathes）和亨利·温斯坦观看了影片已经拍好的部分，时长大约四十分钟。看到玛丽莲的表现，雷瓦西相当失望，他说，玛丽莲的大部分片段都没法使用，因为"她总是一副茫然的样子，跟其他演员完全没有交流，仿佛生活在自己的世界里"。

　　1962年6月1日是玛丽莲的生日，也是她最后一次出现在片场的日子。剧组演员和工作人员每人贡献了5美金，玛丽莲则负责准备香槟。福克斯食堂送来了一大桶咖啡，不过后来这笔花费记在了玛丽莲名下。默里准备了食物和大大的生日蛋糕。工作结束后，片场人员聚集在玛丽莲周围，祝她生日快乐。玛丽莲对他们说："我36岁了，不过我不在意年纪。我喜欢现在的状态。未来依旧是光明的。我要充分利用这大好的光阴——每个女人都该如此。"

　　之后，玛丽莲勉强去参加了一次慈善活动，这是她最后一次公开亮相。那天晚上天气阴冷，因此，她再次病倒了。福克斯派医生前去看她。初步诊断后，医生报告说："玛丽莲已经烧到了38.8度，身体状况十分不好。她现在非常需要格林森医生。"——自5月份起，格林森医生就一直在欧洲度假，在最关键的几个星期撇下了她。不过，在温斯坦的催促下，格林森医生匆匆离开了欧洲，并于6月6日回到了洛杉矶。

　　6月5日，福克斯召开了一次紧急会议，库克向老板们汇报说，《濒于崩溃》的拍摄进度已经落后了十六天，而且超出预算100万美金。福克斯的老板们觉得，玛丽莲已经无法完成影片的拍摄了，因此开始寻找替补。福克斯

玛丽莲在《濒于崩溃》的片场庆祝自己 36 岁的生日

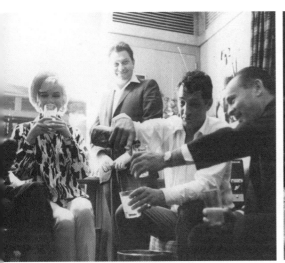

派人和丽·莱米克（Lee Remick）及雪莉·麦克雷恩（Shirley MacLaine）进行了协商，邀请她们接手玛丽莲的影片。媒体听到这个消息都震惊不已，一位《洛杉矶先驱考察报》的电影专栏作家发表了一篇题为《福克斯向玛丽莲·梦露发难》的文章。

6 月 8 日，福克斯律师团通知玛丽莲，福克斯不仅把她踢出了影片，也终止了和她的合同，还准备起诉她，理由是在三十五天的拍摄中，玛丽莲只来了十二次，有时候来了也没法工作。雷瓦西召开了新闻发布会，在十五分钟的发言中，他告诉记者们："我们不能把几百万美金浪费在不可靠的明星身上。我们决定起诉梦露小姐，并要求 50 万美金的补偿，这一数字可能会增加到 100 万。"

福克斯最终选择莱米克接替玛丽莲出演。玛丽莲愤怒到了极点。福克斯的老板们或许还不知道，莱米克和玛丽莲都在疯狂地争夺罗伯特·肯尼迪。当初签订的合同中规定，如果影片的女主角发生改变，迪恩·马丁可以选择退出影片，即他有权决定自己的去留。他对好友们说道："玛丽莲给了我很多，我不能忘恩负义。我不干了。没有玛丽莲，我就不拍戏。"

1990 年，在福克斯的地下室，《濒于崩溃》的胶片被翻了出来。为了撰写《传奇：玛丽莲·梦露的生与死》（*Legend: The Life and Death of Marilyn Monroe*），作家弗雷德·劳伦斯观看了这一影片。"影片最突出的特点莫过于它的陈旧稚嫩之气。剧本被伯恩斯坦改得面目全非，毫无幽默元素。赛德·查里斯弯腰驼背，迪恩·马丁漫不经心地念着台词。总之，这部影片对所有人的演艺事业都是百害而无一利的。"

停工期间，库克联系了绯闻女王赫达·霍珀，告诉她玛丽莲疯了。"我们拍了七个星期的戏，每个星期工作五天，然而她的戏份全都不可用。她连台词都记不住，整天一副恍惚的样子。她够聪明，肯定知道自己的状况很糟糕。这或许有些残忍，不过她的演艺生涯大概到头了。这话你不用顾忌，完全可以发表。"

走投无路之际，玛丽莲向罗伯特·肯尼迪求助。虽然他正打算和她断绝来往，但还是出面干预了这件事。罗伯特的助理说："他总是充满同情心，从来不拒绝别人的求助，也了解玛丽莲的问题。他善于倾听，就像玛丽莲的守护神。生日宴会结束后，她就不停给他打电话。"在罗伯特的帮助下，玛丽莲不仅重回了福克斯，终止了诉讼，而且和福克斯签下了更有利的合同。但是，新签订的合同规定，宝拉·斯特拉斯伯格不得出现在片场。玛丽莲同意了，或许是因为她也对宝拉厌烦了。她付清了宝拉的费用，给宝拉买了回纽约的单程机票。

6月里的一天，玛丽莲告诉记者威廉·J.韦瑟比（William J. Weatherby）："或许我会再次结婚，唯一的问题就是他现在还没有离婚，所以我们的恋情不便公开。"这位记者猜测，玛丽莲说的可能是罗伯特·肯尼迪。

自从生日会后，杰克迫切想要甩掉玛丽莲，于是派了"家族里的实干者"罗伯特出面，谁知罗伯特不但没有完成任务，反而把玛丽莲的注意力从总统引向了自己。罗伯特·肯尼迪的传记作家大卫·哈里曼写道："这一次，罗伯特·肯尼迪没能完成哥哥交代的任务。他不仅没有照哥哥的吩咐，跟玛丽莲断绝关系，反而越陷越深。这个富有同情心的男人或许觉得，这个麻烦不断的女星仿佛一只受伤的动物，亟需得到帮助。出于各种原因，司法部长爱上了这位电影明星。"

珍妮·卡门说，罗伯特每次到西海岸都要来看玛丽莲，"她也希望融入他的世界"。"玛丽莲认为，或许他能实现她第一夫人的梦想，帮她扭转不好的银幕形象。我看了她的日记。她把他的话一字不差地记下来了，甚至包括对胡佛的评价——'有朝一日，我一定要开除这个敲诈者。'"

作家弗雷德·劳伦斯认为："罗伯特·肯尼迪是真心对玛丽莲感兴趣，而总统则不然。对玛丽莲而言，罗伯特的所作所为或许意味着更大的危险。"卡门也赞同这个观点，她说："在杰克·肯尼迪眼里，或许性爱就意味着征服，玛丽莲不过是个玩物，他不如罗伯特关心玛丽莲。我也不觉得玛丽莲爱总统。相比之下，罗伯特温柔、可爱，还富有情调，他是真心关心玛丽莲。他对她很好，至少一开始如此。他用自己的方式爱着玛丽莲。"

当时，好莱坞策划为肯尼迪兄弟拍摄两部歌颂他们功绩的影片：一部是《PT109鱼雷艇》（*PT 109*），用以宣传杰克·肯尼迪在"二战"期间的功绩；另一部名为《叛国大阴谋》（*The Enemy Within*），改编自罗伯特·肯尼迪出版的书籍，讲述了他勇斗卡车司机联合会主席詹姆斯·霍法（James Hoffa）的故事。

这年夏天，罗伯特·肯尼迪来到加州筹划电影的拍摄。他约见了制片人杰里·沃尔德（Jerry Wald）。沃尔德说："随行的特工们经常身穿深蓝色西服，而罗伯特总是穿白色T恤、褪色蓝牛仔裤和运动鞋。玛丽莲的小别墅离我的只有50码。因此，每当我跟罗伯特讨论完后，他都会去拜访玛丽莲，一待就是两三个小时。"

罗伯特希望由保罗·纽曼（Paul Newman）出演片中的自己，让玛丽莲扮演他的妻子埃塞尔。玛丽莲对此十分赞同，她与保罗·纽曼早就熟识，因此亲自打电话给他。为了避免被监听，她还用了一个"安全"的电话。闲聊了一阵后，玛丽莲终于谈到了正题。她提议和纽曼在比弗利山庄的一处宅邸会面。第二天下午，纽曼应邀而来。午餐期间，玛丽莲告诉纽曼，罗伯特·肯尼迪希望他出演《叛国大阴谋》中的男主角，纽曼说愿意考虑这个提议。

影片进入筹备阶段，但后来出了问题。"我们开始收到卡车司机联合会的恐吓信。"沃尔德说，"他们扬言，如果我拍了这部片子，那这将是我最后一部片子。"这位制片人很担心，即使影片能够上映，影院也有可能被炸掉。"玛丽莲和纽曼都收到了恐吓信。"当然，肯尼迪兄弟本就树敌无数。许多民众也反对拍摄《叛国大阴谋》。一波波信件持续地轰炸着沃尔德，他还收到了几十张玛丽莲和杰克·肯尼迪的艳照，各路媒体也收到了一些。放在现在，小报肯定会刊登这些照片，但在当时，媒体界受到严格管控。

另外，纽曼读完剧本后，觉得剧本太差，自己又面临着各种威胁，于是拒绝出演。罗伯特·肯尼迪知道后非常愤怒，但也无能为力。这部片子最终没有拍摄，和好莱坞许多片子一样，逐渐淡出了人们的视线。

不过，这并不影响玛丽莲和罗伯特的约会。而且，罗伯特的民权思想深刻地影响了玛丽莲，在7月份接受《生活》杂志采访时，玛丽莲说："我想强调的是，这个世界需要一种手足情谊。明星、工人、黑人、犹太人和阿拉伯人都是兄弟姐妹。"她对宽容和平等的追求与1968年罗伯特·肯尼迪竞选总统时的理念多少有些吻合。

6月25日，劳福德夫妇在家里举办派对，邀请了罗伯特，玛丽莲作为罗伯特的女伴一同出席了派对。玛丽莲特意定制了三套礼服，希望成为当晚的亮点。傍晚时分，有人看到罗伯特身穿牛仔裤，和玛丽莲在沙滩上散步。后来，玛丽莲告诉帕特里夏·劳福德，那天，罗伯特其实是想结束这段地下恋情。罗伯特很清楚，身为肯尼迪家族的一员，身为司法部长，和玛丽莲交往无异于玩火自焚，因为这个女人总是口无遮拦，又被多方监视，这对政客而言是相当致命的。

次日，罗伯特发现了玛丽莲的日记，更坚定了他摆脱玛丽莲的决心。当时，卡门也在场，她说："罗伯特展现了自己可怕的一面。发现了这个红色日记本后，他勃然大怒。他在房间里踱来踱去，还不停地大吼大叫。'处理掉这东西！'他抓起日记本，朝一面墙上摔了过去。他自然意识到了这本日记的杀伤力。他非常信任玛丽莲，让她自行处理。他完全可以自己拿走并销毁的，但他非常尊重她的，毕竟，他可是司法部长，非常懂法律。"

和罗伯特相处的最后一晚，玛丽莲说自己怀孕了。"孩子的父亲是你。"然而，罗伯特的反应令她惊诧。"你怎么知道？杰克和泰迪都有可能是孩子的父亲，又或者是你众情人中的一个，比如乔·迪马吉奥。"很显然，他很生气，督促她赶紧堕胎，还承诺为她安排妥当并支付费用。

回到华盛顿后，罗伯特立即换了私人号码。两天后，当玛丽莲打电话去司法部，发现电话无法接通时，她非常受伤。无奈之下，她竟把电话打到了罗伯特家里。罗伯特的妻子接了电话。不知两人说了些什么，但整个肯尼迪家族都知道了这件事。

卡门说，相比于总统，罗伯特给玛丽莲带来了更多的痛苦。"罗伯特离开

玛丽莲深爱着罗伯特 · 肯尼迪。他的抛弃令
玛丽莲伤心不已，甚至想要公开两人的关系

后，玛丽莲感到强烈的不安，甚至是恐惧。她开始整日吸毒饮酒，经常彻夜无眠，还不停给罗伯特打电话。她曾经告诉我：'或许我就是没人要的女神。'"肯尼迪家族里，只有泰迪和帕特里夏还跟她有来往。

一天夜里，气急败坏的玛丽莲给劳福德打了电话。她说自己握有证据，其中有录音，也有日记。她声称要召开新闻发布会，公布自己和罗伯特及杰克的恋情。"我要让他们好好看看，我要让大家都知道！"这通电话是她对肯尼迪兄弟威胁的开始，也是把自己推进万劫不复之地的开始。

得知这件事，斯莱特来看望玛丽莲，并提醒她："不要威胁罗伯特·肯尼迪。他权势极盛，一个电话就能让你从地球上消失。"玛丽莲告诉他："我才不怕他们！他们看上去是成年人，其实只不过是个头比较大的男孩子而已。"斯莱特后来回忆说："我想了很久，还是无法理解她的行为。通常来说，她的报复心没那么强。她绝对明白，这样的新闻发布会必然会毁掉肯尼迪家族的政治前程。"

玛丽莲最终没有生下孩子。其实她并不清楚孩子的父亲是谁，最有可能的是博拉尼奥斯，她一直和这位墨西哥情人保持着联系。卡门说："一天下午，她打电话叫我去陪她，说自己还是决定堕胎。她没能联系上杰克和罗伯特，也不太想嫁给博拉尼奥斯并且生下他的孩子。"第二天下午卡门去找玛丽莲的时候，正巧碰到博拉尼奥斯怒气冲冲地离开，玛丽莲则眼睛乌青地坐在屋里。她对卡门说："我告诉他了。他非常生气。"多年后，博拉尼奥斯承认自己打了玛丽莲，"我没想这样，但听说她要杀死我们的孩子，我就失去理智了。我真的不是有意的。"

但是，玛丽莲仍在做最后的努力，希望能联系上罗伯特。斯莱特告诉她，别再沉浸在不切实际的幻想中了，"罗伯特最不需要的就是孩子"。

玛丽莲却坚定地说："我相信他会信守诺言。他确实告诉过我，只要一把事情摆平，就跟埃塞尔离婚，然后跟我结婚。"

"他确实是个讲信用的男人。不过我们也要正视现实：那个混账再也不接你电话了。你还是跟博拉尼奥斯好好过日子吧。"

"他是个无名小卒，而罗伯特却是个大人物。"

最后，斯莱特和她讲了一些道理，她终于答应去医院检查。在美国，堕胎是非法的。玛丽莲联系了福克斯的一位导演，准备和博拉尼奥斯找一个流产合法的地方。不过，检查还是必要的。在医院，玛丽莲得知胎儿发育正常，虽然之前有医生断定她再也无法怀孕。

7月23日出院前，玛丽莲又给罗伯特打了一次电话，但还是无人接听。就这样，她的最后一个孩子也没了。后来，玛丽莲的妇科医生在接受采访时说，玛丽莲从未做过流产手术。但玛丽莲死后，洛杉矶验尸官托马斯·野口（Thomas Noguchi）推翻了这位妇科医生的说法。野口表示，通过验尸，他发现玛丽莲有过多次流产的迹象。

结束，抑或出发

　　玛丽莲拖着疲惫的身躯回到了洛杉矶，博拉尼奥斯一直陪在她身边。一天深夜，电话突然响了，是从纽约打来的，是个女人的声音。博拉尼奥斯问她是谁。"'我是肯尼迪夫人。'电话那头说。我吓了一跳，大脑瞬间一片空白。醒过神后，我让她稍等片刻，然后立刻去叫玛丽莲。我告诉她，是杰奎琳·肯尼迪打电话找她。玛丽莲也惊慌失措，不过她还是拿起了电话。从客厅回来后，玛丽莲说：'我们明早坐第一班飞机去纽约。'"

　　没有人知道玛丽莲为什么突然去纽约，直到七年后的1969年，卡波特旧事重提，才为大家揭开了谜底——玛丽莲是去见杰奎琳的，会面地点就在卡波特家里。他没有说具体时间，但毫无疑问，那是1962年7月的某一天。会面安排在晚上10点，玛丽莲先到，她穿了白色缎子礼服，披着白色貂皮，就像准备上镜。二十分钟后，杰奎琳也来了，她只穿了纯黑的职业正装。对比之下，玛丽莲魅力四射，而杰奎琳则有些沉重。

　　杰奎琳坐在卡波特常坐的位子上，玛丽莲则坐在对面的沙发上。简单寒暄后，卡波特独自退下了。他说自己回到卧室喝了几杯，不久便睡着了。凌晨1点半左右，关门声把他吵醒了。他打开门，只看到了歇斯底里的玛丽莲，而杰奎琳已经不见了踪影。

　　"一切都结束了！"玛丽莲哭道。

　　卡波特说，他唯一可以确定的是，玛丽莲答应取消新闻发布会。后来，卡波特的传记作者雇用了私人侦探，希望对故事细节进行核实，但所获不多。传记记者只知道在某个夏夜的9点半左右，玛丽莲离开了卡莱尔酒店，上了一辆豪华的私家轿车。当晚，杰奎琳本计划参加一场慈善晚会，但就在晚会

玛丽莲和卡波特。卡波特安排玛丽莲和杰奎琳·肯尼迪
见面，成为这次见面的唯一见证人

即将开始之际，她打电话取消了行程，称自己有感冒的迹象。私人侦探认为，卡波特所说的应该是真实的。

理查德·梅里曼（Richard Meryman）代表《生活》杂志最后一次采访玛丽莲时，玛丽莲说："结束真是一种解脱。虽然可能不知道朝哪里奔跑，但跑到终点后，你至少可以长吁一口气——终于跑完了。但这也意味着，你需要从头开始。"

7月30日，玛丽莲回到了家里，很多人给她打来电话，每一通电话都影响了她接下来的人生。

第一通电话是罗伯特打来的。他已经躲了玛丽莲好几个星期了，或许是在妹妹帕特里夏的帮助下，他才终于鼓起了勇气。司法部的记录显示，这次通话持续了八分钟，没有提具体内容。不过据说玛丽莲随后告诉卡门："罗伯特·肯尼迪是头号浑蛋！"玛丽莲希望和他当面对质，并要求他解释为什么突然甩了自己，很显然，罗伯特没有答应她的要求。

罗伯特撂下电话不久，泰迪也打电话来了。或许人们还不知道，在玛丽莲生命最后的几个月里，她和泰迪也有来往。玛丽莲的好友罗伯特·斯莱特说："玛丽莲对肯尼迪兄弟越来越依赖，越陷越深……通常情况下，是她甩男人，委婉地对他们关上门，这一次却相反。或许正是因为这样，为了报复杰克和罗伯特，她故意跟泰迪走到了一起。我曾经告诉过她她真是疯了。听到这话，她对我出奇地愤怒。"2009年8月，"政坛常青树"泰迪因癌症去世。2010年，FBI公布了长达2352页的绝密文件，玛丽莲和泰迪的故事随即浮出水面，成了爆炸性的新闻。泰迪的遗孀对此反应强烈，要求销毁这些文件。然而由于信息自由法案的制约，她最终没能打赢官司。

泰迪很关心玛丽莲的健康，他建议她到疗养院"戒酒"。他的关心让近乎崩溃的玛丽莲感动地大哭起来。他承诺自己一定不会像两位哥哥一样弃她于不顾，只要她愿意，他一定会出现。

接下来的电话是迪马吉奥打来的。他先是对辛纳特拉指责了一通，然后严肃地谈到了复婚事宜。之前，玛丽莲已经拒绝过迪马吉奥一次了，不过，

状况有变，这一次，她动心了。她开始催促迪马吉奥，甚至把婚期定在了8月15日，地点就在玛丽莲家的游泳池边。

当时，迪马吉奥的年薪高达10万美金，这在1962年是非常可观的。然而，他却向老板表达了辞职的意愿。他说自己余生要致力于挽救玛丽莲："我依旧非常爱她，我已经跟她通过电话了，她答应跟我复婚。我们要从头开始。"

筹备婚礼期间，玛丽莲曾给迪马吉奥写过一封信，不过一直没有寄出去。信的内容是：

亲爱的乔：

我会努力让你幸福，让你幸福到极点。你的幸福就是我的幸福。

随后，玛丽莲给博拉尼奥斯打了个电话——他回墨西哥城处理一些事务，很快就会回洛杉矶。玛丽莲这才想起，自己恍惚之际曾答应嫁给博拉尼奥斯。她对自己混乱的生活感到不知所措，于是找卡门商量。卡门建议她嫁给迪马吉奥，把博拉尼奥斯作为地下情人，反正大部分好莱坞女人都是这么做的。

卡门离开后，玛丽莲静下心来，开始认真考虑近期收到的影片邀约。罗马一家公司希望跟她签下四部片子，每部片酬25万美金。拉斯维加斯的沙滩酒店开出10万美金的酬劳，邀请她参演一部歌舞剧。作家贝蒂·史密斯（Betty Smith）也联系了玛丽莲，希望她出演《我爱路易莎》（*I Love Louisa*），剧本改编自他自己的同名畅销书。玛丽莲对《我爱路易莎》很感兴趣，她和史密斯约定8月9日在纽约见面。此外，《傻女十八变》（*What a Way to Go*）也发来了邀请，这是一部黑色幽默片，讲述了一个女人和她的四次婚姻。

抛开复杂的感情纠葛，玛丽莲的事业前景依旧不错，这多少给了疲惫的她一点儿安慰。她计划在9月份前往华盛顿国家剧院，出席欧文·柏林音乐剧的开幕式。该剧的导演是乔舒亚·洛根。玛丽莲和洛根通话时得知，杰克·肯尼迪和妻子将作为荣誉嘉宾出席开幕式。为此，玛丽莲特意从让·路易处定制了价值6000美金的礼服。"你得保证让我盛装亮相，压过杰奎琳的风头，让她的设计师奥列格·卡西尼（Oleg Cassini）甘拜下风。"

罗伯特·斯莱特作为玛丽莲的密友，也给她打了电话。玛丽莲表示，她想回福克斯工作。她对自己很有信心，觉得自己在福克斯的日子会更加好过。然而，她说自己没打算就此放过肯尼迪兄弟。听劳福德说罗伯特将要去旧金山，她也准备前往，并打算让他跟自己回洛杉矶。

"等他来了这里，我就会威胁他，除非他乖乖听话，否则我就把我俩的事公开。"玛丽莲说。

"这是最坏的解决办法。"斯莱特告诉她，但显然没有用。

挂电话之前，玛丽莲还说："我终于摆脱了宝拉·斯特拉斯伯格。我决定摆脱那些操控我的人，这才是成熟的玛丽莲，不是流浪儿，也不是牺牲品。我还要辞掉帕特·纽科姆和格林森医生。尤尼斯·默里也随时可能走人。"这是斯莱特和玛丽莲的最后一通电话。

几天后，默里说自己想在 8 月 6 日外出和妹妹、妹夫一起度假，玛丽莲不仅同意了，还给她开了一个月的工资，然后告诉她："9 月份你不用回来了，我已经另有打算了。"默里意识到自己被解雇了，愤怒之余，她给两位朋友打电话发泄："我现在是怒火中烧！不过还是尽量不表现出来的好。惹急了我，我也会报复的。"

如果一切都能像玛丽莲说的那样从头开始，或许我们能看到她更多更精彩的作品。然而，玛丽莲对肯尼迪兄弟的执着——或者说是对第一夫人的幻想——显然超越了她对事业的激情。一个星期三，她准备了香槟和鱼子酱，邀请迈克尔·桑（Michael Song）来家里做客。桑是杰克和罗伯特的发型师。他原本以为玛丽莲只是想做发型，没想到，她不停地向他打听肯尼迪兄弟的消息。桑说："我反复表示自己一无所知，但她还是不依不饶，一心想知道罗伯特和杰克在跟谁交往。她知道我在闪烁其词。她似乎想拉拢我，她说肯尼迪兄弟怎么对她，就会怎么对我。不过情况根本不是如此。他们对我挺好的。"

玛丽莲死后，罗伯特曾对桑说："感谢你对肯尼迪家族的维护，很好。感谢你在玛丽莲面前守口如瓶。"桑大吃一惊，他说："我不知道玛丽莲录音了，

更不知道罗伯特是怎样拿到录音带的。"

8月2日，玛丽莲在弗兰克·辛纳特拉家的苗圃里待了三个小时——她自己的家正在装修。她非常喜欢会开花的树，希望自家花园里也能多种些灌木。

当晚，玛丽莲开车来到劳福德家里参加派对。劳福德的朋友理查德·利文斯顿（Richard Livingston）回忆说，玛丽莲穿着石灰绿低腰裤和亮粉色丝绸衬衫，露着自己的小蛮腰，皮肤上因胆囊手术留下的疤痕依稀可见。去之前她就已经喝了不少。在派对上，她更是拿着一整瓶香槟四处晃悠。这天晚上早些时候，玛丽莲突然接到一个电话，她一把抓起话筒，迟疑中夹杂着些许期待。根据后来曝光的录音，电话是杰克·肯尼迪打来的。

"玛丽莲，是我，杰克。我回家了，没有在白宫。"

"偶尔离开那个鱼缸一下，感觉应该不错吧？你最近如何？"

"糟透了，麻烦越来越多，每分每秒都有新的敌人出现。我在很多地方做得还不够，比如妇女权利、种族平等，还有环保和未婚妈妈方面。当然，还有你，好莱坞女王。"

"我猜罗伯特刚给你打过电话。我们之间出问题了。"

"我知道，对此我很抱歉，不过我们都在尽力让事情变得更好。除了从你的生活里消失，我们别无选择。我们不该出现，一开始就不该。你会原谅我们吗？"

"当然。我们都要继续努力下去。我会强势回归，你也会成为有史以来最伟大的总统。"玛丽莲顿了一下，"当然，除了他。"

"我的对手是谁？"

"亚伯拉罕·林肯……他可是我的最爱。"

"真的不能再说了。"杰克说，"他们都在等着我呢。你的谅解宽慰我了许多。"

"我会站到一边，放你去做你该做的事。到了1968年，在你这位总统的带领下，美利坚将不会有孩童挨饿，没有保险的人们也会得到良好的医疗服务。你会像罗斯福那样，改变这个国家。"

"这真是一个宏大的目标，但我们会做到的。"

"至于罗伯特，他同样会日理万机，尤其是在接替你成为新任总统之后。他已身处婚姻的围城，子女满堂。你是否也原谅了我呢？你会的，对吧？"

"没有什么好原谅的。你付出了爱，这可是最伟大的恩赐。没有了它，生命还有什么意义？"

"还有一件事，"玛丽莲说，"它一直在我脑海中挥之不去。我把咱们的孩子打掉了，他本该是全世界最美的孩子。想想吧——他可是肯尼迪总统和玛丽莲·梦露的结晶。"

电话那头出现了长时间的停顿。一切都陷入了死寂。最终，杰克说道："有些事不是我们能控制的。"

"你会一直记得我的，对吧？告诉我。"

"有朝一日，当我弥留之际，我会再次重温你的甜蜜之吻。它会伴着我，离开这个世界。"

"这是我听到过的最甜蜜的话了。"——玛丽莲套用《巴士站》里的台词说。

"再见，玛丽莲。"

"再见，总统先生。"

这是玛丽莲和杰克·肯尼迪的正式告别。

回到家后，玛丽莲站在游泳池边，听着古铜色风铃的声音。太平洋的风掠过海岸，抚慰着每个人的心灵。虽然吃了大量安眠药，她还是彻夜无眠。她又不想复婚了。在她看来，迪马吉奥和博拉尼奥斯都不是合适的人选。每个人都有很多问题，以后还会有更多问题，这一切让她难以承受。

第二天，也就是1962年8月3日，玛丽莲一整天都在房间里踱来踱去，考虑怎样摆放从墨西哥买回来的家具。自从和福克斯的矛盾解决后，她在工作上就非常轻松了，但在情绪上却始终反复无常。她知道罗伯特·肯尼迪偕

《生活》杂志为梦露拍摄的封面照

妻子埃塞尔和四个孩子到了旧金山，于是给罗伯特下榻的酒店打电话，可惜仍没有联系上他。很显然，她仍在努力成为第一夫人。诚如玛丽莲的好友所说："不管这想法有多荒谬，但直到最后，玛丽莲都相信，自己有望成为第一夫人，不是杰克的第一夫人，就是罗伯特的第一夫人。我跟她说，这简直难于登天，但她就是听不进去。她就是相信自己的想法。"

珍妮·卡门陪玛丽莲吃了午饭，两人围绕着罗伯特展开了激烈的讨论。卡门说："罗伯特·肯尼迪聪明绝顶，怎么会轻易答应跟你结婚？"玛丽莲透露道，自己特意给电话装了窃听设备，一字不差地录下了罗伯特的话。她还给卡门播放了录音带，"我真的无法相信自己的耳朵，不过那确实是罗伯特·肯尼迪的声音。"卡门说。在《珍妮·卡门：我的狂野生活》（*Jeanne Carmen: My Wild, Wild Life As a New York Pim up Queen*）一书中，她对录音带的内容进行了还原：

罗伯特：等我竞选总统时，我需要有人辅助我，这个人得知道如何应对媒体。

玛丽莲：你在说什么？

罗伯特：玛丽莲，我想娶你。我希望你成为我的左膀右臂，和我一起分享公众的关注。我希望你成为我的第一夫人。你肯定比杰奎琳出色百倍。如果我们联手，那绝对所向披靡。

玛丽莲：第一夫人？我？

罗伯特：是的，你，玛丽莲。你会是最棒的。

玛丽莲：我也不知道。我得好好想一想。你是已婚男人，很容易成为媒体攻击的对象。当初米勒离开他妻子时，媒体对他可是狂轰滥炸。

罗伯特：随便。我才不管媒体说些什么。我就是爱你。

玛丽莲：鲍比，你确定吗？

罗伯特：是的，我确定。我才不管大家怎么想。他们总不能因为我们彼此相爱，就把我们丢进监狱吧？现在回答我，你愿不愿意做我的第一夫人？

愿不愿意嫁给我？

玛丽莲：我愿意。我爱你，鲍比，真的。

　　那天，玛丽莲和卡门聊了很久。卡门后来说："她瞬间像变了一个人，我从未见过她如此毅然决然。她很严肃，没有半点儿开玩笑的意思，仿佛一个受了伤的小女孩儿，一心要寻求报复。"卡门离开后，玛丽莲给另一个朋友打了电话。她说自己准备嫁给罗伯特·肯尼迪。这位朋友吃了一惊，劝道："亲爱的玛丽莲，希望你是在开玩笑。他已经结婚了，而且还被评选为年度父亲。"玛丽莲却坚持说："如果他像他说的那样爱我，就一定会娶我的。"

　　之后，劳福德邀请玛丽莲参加了晚间派对。沃伦·比蒂（Warren Beatty）也出现在那里。劳福德似乎是在用比蒂做"诱饵"，以分散玛丽莲的注意力，免得她再纠缠罗伯特。然而，这一招显然没有奏效，离开派对前，玛丽莲对劳福德说："你最好明天就把罗伯特·肯尼迪带来！"劳福德把一切报告给了罗伯特，他提醒罗伯特，玛丽莲已经不受控制了，"你得偷偷来一趟洛杉矶，总之你不能坐视不管"！

　　当天晚上，一个不知姓名的女人一直给玛丽莲打电话，叫玛丽莲不要纠缠罗伯特，直到清晨5点半才罢休。玛丽莲不相信她会是埃塞尔，觉得或许是埃塞尔的朋友。一夜无眠之后，玛丽莲终于在破晓时分睡着了。

　　密实的窗帘挡住了阳光，玛丽莲醒来时已经是上午10点15分，迎接她的是房屋装修的声音。她伸了个懒腰，慢慢从床上坐起来，光着身子进了浴室。南加州已经迎来了闷热的夏日。这样的天气着实煎熬，不过秋日的凉风迟早会来到。不知怎的，她觉得那天和往日有些不同。

　　那天是1962年8月4日，星期六。

再见，玛丽莲

玛丽莲起床后打出了当天的第一个电话，是打给珍妮·卡门的——那天是她生日。玛丽莲告诉卡门，自己昨夜一直疲于处理那些烦人的电话，还在和迪马吉奥复婚或是与约瑟·博拉尼奥斯结婚之间徘徊不定，整晚都没睡。卡门则对玛丽莲送的金色高尔夫球杆表示感谢。她们还约定，星期一早上11点一起去打高尔夫。撂下电话前，玛丽莲邀请卡门过来陪自己，但卡门却拒绝了。"什么时间都可以，就是今天不行。"卡门说，"我约了三个情人，当然时间是错开的。他们都说会给我大大的惊喜作为生日礼物。"另外，卡门承诺，自己一旦和罗伯特·肯尼迪联系上，就会打电话通知玛丽莲。

过了一会儿，西德尼·斯科尔斯基给玛丽莲打来电话，约她星期天共进午餐，谈谈他的剧本《珍·哈露的故事》（*The Jean Harlow Story*）。而星期天晚上，玛丽莲和弗兰克·辛纳特拉还有约会。尽管看上去有这么多事要做，罗伯特的身影却一直挥之不去。那天下午，玛丽莲总共给罗伯特打了六个电话，还留言给他，但始终没有得到回复。她又打电话给彼特·劳福德："我知道他就在加州。我也知道不给他点儿颜色瞧瞧，他是不会见我的。你帮我带个话，如果他不肯飞来见我，和我当面把话说清楚，那我可不敢保证会在新闻发布会上说些什么。我相信那绝对会是世界性的头条，但不见得会对杰克的连任有好处。"

"玛丽莲，你不能这样！要知道，很多恋情都会破裂，或许一开始它们就不该发生。"

"你听好了，这是我最后一次打电话。如果6点之前他再不回电话，那就看我在电视上的表现吧！别忘了叫他收看哦。你还可以顺带打给白宫的杰克。

我知道他很忙，不过他会有时间看的。我可是非常耀眼的。"

罗伯特·肯尼迪接到劳福德的电话，决定飞回洛杉矶。劳福德打电话给玛丽莲："罗伯特马上就回来，他一到我就让他来见你。"

这天，尤尼斯·默里和往常一样来玛丽莲家里，准备给玛丽莲做早餐，但被拒绝了。之后，玛丽莲迎来了摄影师劳伦斯·席勒（Lawrence Schiller）——玛丽莲在《濒于崩溃》中的裸照正是劳伦斯拍摄的。劳伦斯希望能为她能拍一组性感照片，但玛丽莲说需要再考虑一下，"我正努力摆脱成为性感的代名词，此次拍摄会让我重回 1954 年的境地。我还没有想好，你星期一下午再来吧，那时我会答复的。"

为了迎接劳福德和罗伯特的到来，玛丽莲几乎支走了所有人。她让默里出去买东西，并叮嘱默里："回来前记得打电话。"中午时分，艾格尼丝·弗拉纳根（Agnes Flanagan）前来为玛丽莲做头发。玛丽莲告诉她："今晚我要让罗伯特见到最美的我。"等人们都离开之后，整个屋子就剩下玛丽莲和她的狮子狗。她不知道罗伯特什么时候会到，所以就给卡门打了个电话，告诉卡门说："那个浑蛋正在路上。他终于醒悟了。"

伯纳德·斯宾德尔（Bernard Spindel）是众多监听玛丽莲的人之一，他在玛丽莲的屋子里装了窃听器，因此录下了罗伯特和劳福德来访的事。根据他和玛丽莲的另一位监听者奥塔什的判断，罗伯特到来时应该是下午 3 点左右。

这是一次充满火药味儿的重聚。就录音片段来看，罗伯特应该是怒气冲冲地走进房间，要求玛丽莲交出日记本。劳福德知道两人有话要谈，知趣地到后院的泳池裸泳去了。斯宾德尔的录音证实，玛丽莲施展了浑身解数勾引罗伯特。罗伯特曾一度模糊地说道："玛丽莲，不，现在不行。现在不合适。"不过，他好像很快就投降了。声音从起居室转移到了玛丽莲的卧室。罗伯特说："胡佛正盯着我们。胡佛？鬼才知道他是谁！这可能断送杰克成为总统的机会，也会毁了我的婚姻。"

玛丽莲提醒他，不要忘了他曾许诺和自己结婚。他承认了："但那只是我一时冲动，希望你原谅我。我绝对不能离开埃塞尔，我要为我的孩子们考虑，我爱他们，我需要成为一个好父亲。请你理解这点。我们……必须有所牺牲。"

随后，场景换到了厨房。罗伯特的声音很难听清楚，他说话很轻，但玛丽莲的声音却相当刺耳："我要你跟你妻子离婚——就今天，不是明天，不是几年后，也不是在那个该死的总统选举之后！就是今天！"

"你理智点儿！"

"你把我当成什么了？杰克的一个衣钩？用完了就能随便丢弃了吗？我可是玛丽莲·梦露！我比你更有名！"

"我需要那本红色的日记。我让你毁掉它，你照办了吗？"

"该死的！不，我不会这么干。我还请了侦探奥塔什，让他录下我们的电话内容。"

"你竟敢胁迫联邦的司法部长？你真是疯了。"

"疯了的那个人是你！你和你兄弟，一开始就跟我纠缠不清。誓言啊，誓言！"

"交出日记吧，玛丽莲，还有其他那些与我和杰克有关的东西。"

玛丽莲尖声骂着脏话，似乎还打了罗伯特。就在此时，劳福德出现了。

"玛丽莲，把刀放下！"然后传来打斗的声音，劳福德应该是在抢玛丽莲手中的刀。他吼道："玛丽莲，你能不能镇静点儿！"

玛丽莲开始歇斯底里地哭，之后，厨房没了动静。接下来的录音是在玛丽莲的卧室录到的。罗伯特说："不要威胁我。跟我作对的人已经够多了，你就不要再跟我过不去了。求求你了，我可从没对别人说过这个字。"

劳福德插话道："不要让他因对你的爱而受到非难。"

"你还跟格林森医生有来往，不是吗？"罗伯特问。

"没错！我们一直都有联系。我会在新闻发布会上让他好看。"

"不行！"罗伯特警告她。

"在我将一切都抖出来之后，吉安卡纳同样跑不了！"她再次威胁道。

劳福德在玛丽莲卧室给格林森打了电话："如果她真的这么做了，你就准备和你的精神治疗事业说再见吧。最好做好身陷囹圄的准备。我正和联邦司

梦露生前拍摄的最后一组照片中的一张

法部长在一起，他可深知法律。"

罗伯特也跟格林森谈了几句："你必须马上过来，她现在状况很不好。她威胁说要毁了所有人，包括你在内。快让她镇静下来。"

"我马上就到。"

"要知道，我们现在可在同一个粪坑里。"

玛丽莲抓住罗伯特的最后一句话不放："粪坑，是吗？你说我是一堆屎？"

"绝对没有。"罗伯特回答。

"滚出去！都给我滚出去！我再也不想看见你。赶紧从我眼前消失，不然我就立刻打电话通知报纸和媒体。"

"玛丽莲，你冷静一下。"劳福德说，"把这当成一场快乐的游戏不好吗？我走了，以后再打给你。我希望你回到我身边。让我们重拾友谊，我的派对会让你再次振作起来。"

"你也给我滚！"玛丽莲吼道。

"我随后给你打电话。"劳福德承诺道，"格林森一会儿就来，马上你就会好的。"

罗伯特和劳福德离开后，录音里传来玛丽莲拨打电话的声音。显然，她打去了白宫，然而被告知杰克此时正在海厄尼斯港。

"看在上帝的分儿上，把他在那边的电话给我吧？"

显然，她的要求被拒绝了，因为她随后说道："请转告总统，赫鲁晓夫来电说，他正准备对华盛顿进行核攻击，总统不在真是太糟了。"

据玛丽莲的邻居说，格林森医生大概是下午5点时赶到的。当时，玛丽莲正处在歇斯底里的状态中。她告诉格林森医生，自己试着给杰克打电话，准备把她和罗伯特今天糟糕的会面告诉他。她还说自己会威胁劳福德，让他说出杰克在海厄尼斯港的电话，"我想我有跟杰克说再见的权利"。

格林森医生束手无策，于是给恩格尔博格打了电话，但恩格尔博格没有来——他正在和新欢共度时光，对自己这位最有名的病人多少有些不耐烦。这时，拉尔夫·罗伯茨打来电话，确认周末和玛丽莲共进晚餐的事。格林森

接了电话："玛丽莲·梦露小姐今晚出去了，你不要再打来了。"

"我不信。"拉尔夫·罗伯茨后来说，"他是不想让玛丽莲和我出去。我觉得我打电话的时候，她就在屋子里，但他却没让她接电话。很久之前他就开始劝玛丽莲抛弃我了。"不过，他的通话记录显示，玛丽莲去世前曾尝试联系他。

鉴于玛丽莲情绪不稳，格林森医生希望默里当晚可以留下陪玛丽莲，默里答应了，同时让女婿杰弗里斯（Jeffries）也留下了——他当时正在为玛丽莲装修房子，但和默里一样收到了解雇通知，尽管房子还没装修好。

格林森医生告诉玛丽莲，他晚上和妻子有约，必须走了。玛丽莲恳请他留下，但他拒绝了。玛丽莲深感每个人都在离开自己，或许他们早就想和自己说"再见"了。这使得她的遗弃感和孤独感更深了。她立刻给劳福德打了电话，要求他把杰克的私人号码告诉自己。

"罗伯特都能过来找我，我相信总统先生也会愿意和我最后谈一次。"她说，"这样吧，如果你能让他尽快给我打电话，我就会取消新闻发布会，他会毫发无损。就算被问起来，我也只承认曾在他的生日派对上和他握过手，仅此而已。"

然后，玛丽莲给卡门打了电话。她的情绪已经发生了巨大的转折，她不再哭天抢地、歇斯底里，而是异常兴奋。结束电话前，两人还确认了一下星期一去打高尔夫球的事。奥塔什后来说："听到如此私密的事，我感到局促不安。我觉得自己是一个偷听别人隐私的浑蛋。她们情感真挚，却又饱含伤痛。天哪！我什么时候变得如此多愁善感，这绝对不是我的风格。"卡门也回忆道："我生日那天，玛丽莲打电话给我，让我过去。她想和我说说她和杰克的谈话，但我说就在电话里说吧。听完她的复述，我对总统先生的尊敬多了一分。尽管他风流不羁，但不失绅士之风。那是我听过的最浪漫的告别。"

随后，一个电话打进来，是约翰尼·罗塞利。他让玛丽莲取消所有的安排，说自己有很重要的事要和她谈，并且警告说，此次谈话的内容非常机密，不希望她那爱管闲事的管家知道。玛丽莲问他能否迟一点儿再说，从斯宾德尔的录音中，我们可以听到这个流氓说："不，该死的，必须是今晚……否则，你等着瞧！"

7 点左右，劳福德又打来电话。玛丽莲的情绪陡然转变，这让他有些不安。玛丽莲告诉劳福德，10 点后不要再给她打电话，有位重要的客人来访。"谁啊，我认识吗？"他问。"嗯，不过你肯定不想跟他有瓜葛，这一点毫无疑问。"这些对话被清晰地录下来了，但玛丽莲死后，劳福德在警察面前撒了谎，他说当时玛丽莲"连话都说不连贯了"。

打完电话，玛丽莲就准备睡觉了。那会儿大概是晚上 8 点。多年以来，或许是忘了之前曾说过什么，默里的证词也是变了又变，唯独这个时间，她从来没有更改过。看来玛丽莲的确在 8 点左右回到了卧室，然后又接了几个电话。

玛丽莲给默里 100 美金，让默里和杰弗里斯一起出去转转，因为她有一个"燃情约会"，需要点儿私人空间。默里慢悠悠地洗了个澡，穿戴整齐后就和杰弗里斯出去了。默里说，自己离开的时候，玛丽莲还在卧室里通电话，也不知道电话那头的人说了什么，玛丽莲有些气急败坏，不停地对那人说："太糟了，太糟了！应该有人警告他一下。"后来证实，来电者是弗雷德·范德比尔特·菲尔德（Fred Vanderbilt Field）——玛丽莲在墨西哥的朋友。

玛丽莲生命中的最后一个电话，是打给卡门的。电话里，她说自己累了，需要休息。末了，她提到了最重要的事——"我有事要告诉你。约翰尼·罗塞利一会儿要过来，他说有急事一定要见我"。

"你确定？也许他只是想你呢？"

"不会的。他话里有话，我觉得好像会有麻烦。"

"跟你不一样，我倒是很喜欢他。他对我很好，尤其是付租金的时候。"

"噢，珍妮，我真有要紧事要说。辛纳特拉不想娶我，杰克和罗伯特也跟我划清了界限，但依然还有三个男人，他们很性感，每个人都想娶我……我已经答应了两个人的求婚，现在又多了一个。"

"你说什么，才三个男人？你太小瞧自己了。从新斯科特到开罗，愿意倾

尽所有娶你的人到处都是。"

"这个国家的法律太愚蠢了。身为女性，应该想跟多少人结婚就跟多少人结婚。连这都做不到，还好意思称这里是'自由之国'。"

"亲爱的，你都说了多少次了，你没必要跟他们结婚。你应该向拉娜·特纳学习，她才是你的榜样。"

"宝贝儿，如果你这么说，明天我会考虑下的。"

"因为明天是新的开始。"——这是电影《乱世佳人》中的台词，也是玛丽莲最喜欢的台词。

卡门后来回忆说："那时我还不知道，对可怜的玛丽莲来说，再也没有明天了。"

有些人认为玛丽莲是"社交烟民",也就是说,她只有在社交场合,或为了拍摄,才会抽烟

人们有个习惯——与其说他们是把我
当作一个人来看待的，不如说他们是
把我当作镜子来看待的——他们没有
看到我，他们看到的是自己淫荡的
念头；而当他们继而指责我的淫荡时，
也就给自己戴上了清白的面具。

Part 07

美 人 陨 落

死亡之夜

对玛丽莲来说，1962 年 8 月 4 日晚上还真是忙碌。她刚和卡门打完电话，约瑟·博拉尼奥斯就从墨西哥城打来电话，当时大概是 9 点半。她表面上高兴地接着电话，心里却担心罗塞利会随时出现。

博拉尼奥斯后来说："那天晚上，我们商量了婚礼的事宜。她听上去有点儿累，但还是很兴奋。我们大概会在两个星期内结婚。我结束了自己在墨西哥的业务，正在收拾东西准备回洛杉矶。我要搬到布伦特伍德和她一起住。她的大部分家具都来自墨西哥，我会非常适应的。

"结婚后，我肯定是要跟她生一两个孩子的。不过，她那时正是复出的时候。我们需要钱，第一年我会做好防护措施的。她可不能再错过任何电影片约了。

"不仅如此，我还写了一个新剧本，她也同意参演。呃，差不多是吧……讲述的是一个上了年纪的影视女星，她在墨西哥遇到了一位年轻帅气的男演员。她狂热地爱上了他，并最终和他结婚，将他带回了好莱坞。起初，他一直活在她的阴影之下，大家都只把他当作女星的跟班。但随着他出演了一部又一部电影，人们开始正视他。最终，女星的容颜老去，他成了比她更大牌的明星。一天夜里，女星发现他正在跟那个取代自己成为新晋好莱坞女王的年轻女演员约会。她在住处恰好有一把枪，她拿着枪，射向了她年轻的爱人，随后他俯面倒进了她的泳池里。

"玛丽莲让我一定要修改结局。她说这跟葛洛丽亚·斯旺森主演的《日落大道》太雷同了。看完我的剧本后，她说这位上了年纪的女星可以由琼·克劳馥来扮演，而她则饰演那位年轻的女演员。实际上，我本来是打算让她演年纪大的那个的。"

然而，电影泡汤了，因为那晚，玛丽莲就永远地离开了这个世界。玛丽莲死后，博拉尼奥斯对谈话中的其他内容保持了缄默。直到1963年10月，在一个晚宴上，他才说出一些实情"玛丽莲接到了菲尔德从墨西哥城打来的电话，这通电话令她非常恐慌。菲尔德告诉玛丽莲，他刚刚得知，霍华德·亨特（Howard Hunter）正计划刺杀肯尼迪总统。"不过，博拉尼奥斯的话并没有引起重视，至少在当时没有。田纳西·威廉斯说，在他看来，在位的美国总统每天都会收到死亡威胁。当天的晚宴上没有人在意过博拉尼奥斯的话，也没有人试着给美联社打电话。可能在当时，根本就没人知道霍华德·亨特是谁。

随着时间流逝，真相慢慢被揭露。霍华德·亨特于2007年1月23日过世。他的儿子说，父亲在临终时承认，自己确实参与了1963年11月在达拉斯刺杀杰克·肯尼迪总统的阴谋。如果杰克·肯尼迪总统和玛丽莲保持联系的话，他也许还能多活很多年。而更令人唏嘘的是，尽管玛丽莲知道了即将发生的总统遇刺事件，但却没能预知自己的命运——或许她也觉察到有死神正在向自己靠近，只是来不及改变结局。

第二天，也就是8月5日，玛丽莲去世的消息传遍了全世界。让我们把时间退回到那天晚上——10点15分左右，默里和杰弗里斯回来了。出门时玛丽莲曾交代过，让他们回来前先打个电话，但当他们这样做时，却发现电话打不通。下车后，杰弗里斯先注意到客房的灯亮着，房门也半开着。

默里打开卧室门，结果看到玛丽莲一丝不挂地躺在床上，周围一片狼藉，她惊恐地叫起来。不过，作为一名训练有素的护士，她还是立刻检查了玛丽莲的脉搏。玛丽莲还活着。"快叫救护车！"默里冲杰弗里斯喊道，她自己则冲到另一部电话前，给格林森医生打了电话："玛丽莲就快死了，你赶快过来。记得叫上恩格尔博格。"

先抵达的是救护车，两名医务人员抬着担架下了车，默里迎接了他们。据救护车司机詹姆斯·霍尔（James Hall）说，他当时和司机默里·利博维

茨（Murray Liebowitz）同行，但利博维茨却对此表示否认，甚至还一度否认自己曾在现场。

霍尔说："从加州大学洛杉矶分校医院回来的路上，我们接到电话，火速赶往海伦娜第五大道 12305 号。当时我们距那里非常近，几乎转个弯就行，因此不到两分钟就赶到了现场。那是我一生中最难忘的时刻，我永远都会记忆犹新。1962 年 8 月，那个炎热的夏夜。我走进客房，看到了床上躺着的那个人。天哪！那人可真像玛丽莲·梦露。"

默里说道："笨蛋，这就是玛丽莲·梦露。赶紧救她！"

霍尔表示怀疑："玛丽莲·梦露？别逗我了。"

默里吼道："赶快救她，你个该死的笨蛋！"

霍尔有些惊慌失措。他当时只有 22 岁，刚刚接触这项工作，还没什么经验。他检查了玛丽莲的脉搏，"非常微弱和急促，她的呼吸几乎停止了。这是服药过度的典型临床症状"。霍尔和同伴决定实施心肺复苏术。他们抬起玛丽莲，准备将她转移到大厅的地面上。

"不幸的是，我失手将她摔在了地上。这都是我的错。后来，我听说法医在她的尸体上发现了两处无法解释的伤痕。她小臂上的那处可能是我的指尖造成的，当时我的确抓得有点儿紧。至于另一处，我想或许是在这次意外摔落中产生的。自始至终，我的同伴都抓着她的脚。然后我们重新抬起她，来到大厅。她还有呼吸，但我觉得她挺不了多久了。那些瘀伤证明她当时还活着。尸体是不会产生伤痕的。"

利博维茨去救护车里取呼吸器，霍尔则在玛丽莲喉中插了一根导气管，以保证她有足够的氧气摄入。默里也帮着连接呼吸器。

霍尔说："我觉得心肺复苏术起效了。她的换气状况良好，脸上也逐渐有些血色了。刚见到她时，她的脸色苍白得就像纸。我认为这时移动她已经没有什么危险了，于是让人把轮床拿来。

"就在这时候，一个穿着睡衣、身披雨衣的女人从走廊跑过来，一边跑一边歇斯底里地尖声叫着：'她死了！她死了！'然后她闯了进来，站在玛丽莲的身旁。我想把这个疯女人踹开，因为担心她会把事情搞砸。我问她是谁，她冲我喊道：'我是她的新闻发言人。'那时的我，甚至不知道新闻发言人是什么。我告诉她，我暂时没有时间理她，玛丽莲还没有死，等她真的死了再发言不迟。

"正当我们准备移动玛丽莲时，一个手持黑皮包的男人出现了。他说自己是玛丽莲的医生，让我赶紧给她进行正压呼吸（positive pressure）。我对接二连三出现的阻碍失去了耐心，因此非常生气：'笨蛋，你认为我们在干吗？多亏了我，她现在还有呼吸。'

"但接受这份工作的时候，我就被告诫要在任何紧急情况下服从医生的命令，不然就会被解雇。我取掉了呼吸器，捏着她的鼻子，给她做人工呼吸。当时，那个医生开始给她做心肺复苏。我以为他会在胸部施行按压，但那个笨蛋却选在了小腹。我建议他来吹气，我来负责按压。但他根本没理我。他打开提包，取出了一支皮下注射器。我听到他自言自语说，得调高一点儿，搞得夸张一些。

"医生随后又从包里取出了一个药瓶，用注射器吸取了其中的液体。我敢肯定那是肾上腺素。他说他要在第六、第七根肋骨之间注射。他将玛丽莲的乳房拨到一边，确定好位置，然后将注射器刺入胸腔。他肯定弄错了。注射的角度不对，针头扎到了什么东西停住了，我想应该是肋骨。不过他并没有拔出针头，反而继续用力下压。我听到了断裂声，它很可能伤到了某根肋骨。他将针头直朝着她的心脏刺去。那时我知道，玛丽莲·梦露谢幕了。

"医生站起身来，面对着我，表情看起来就像是我杀死了玛丽莲一样。'她死了，'他对我说，'你们可以走了。'我们转身离开时，他快步走到我旁边停下。他离我很近，一副要威胁我的架势。'无论如何，都必须对今晚的事守口如瓶。不要试图通知媒体，一切都在我们的掌握之中。如果你不照办，我保证你会死得很惨。'

"我们整理物品时，那位发言人依旧在尖叫。然后，两个男人出现了。其中一位是警察，另一位则穿着西装，他看起来很眼熟，一副大醉初醒的样子。当时我还以为他是刚从酒吧出来的侦探。直到后来，我才认出他就是彼特·劳福德。他可不是什么狗屁侦探。我知道他是电影明星，不过却没看过他的作品。报纸上还说，他是肯尼迪总统的妹夫。"

玛丽莲去世二十年后，霍尔说："是格林森医生杀了玛丽莲，对此我坚信不疑。我之前并不认识他。玛丽莲已经徘徊在鬼门关，他却痛下杀手。要是他没有出现，我们很可能已经把她送去医院了。那些说她被火速送往医院的书都是胡说八道。我们甚至都没有将她抬上救护车，绝对没有。"霍尔大概是所有在场者中唯一肯接受测谎试验的人。1982 年，他飞到佛罗里达，经人介绍认识了测谎仪的发明人之一——约翰·哈里森（John Harrison）。哈里森说："我对他进行了六次测试，他很顺利地通过了测试。看起来除他之外，所有人——甚至连那些八竿子打不着的人，都在说谎，甚至前后矛盾。在这件事上，我相信霍尔。"

但是，霍尔的说法并没有得到官方认可。随着调查的进行和时间的推移，事情的版本越来越多，真相越来越扑朔迷离，时至今日，仍没有确定的、唯一的结果。总之，这个死亡之夜有太多的谜团，五十多年来，人们始终难以下定论，唯一可以肯定的是，性感女神走了，在她最盛开的年华里，像一个精灵，飞过彩虹，消失不见了。

1962 年 8 月 5 日，星期天，凌晨 4 点 25 分，洛杉矶警察局西区分局，戴着黑框眼镜的警官杰克·克莱蒙斯（Jack Clemmons）一夜成名，甚至到了 21 世纪，还有记者在报道他。就是他，最先接到了玛丽莲死亡的报案电话。

克莱蒙斯回忆说："那是一个死亡之夜，绝对的死亡之夜，连警局的蟑螂都毫无生机。通常情况下，我并不接电话，来电一般都是服务台应答的。但电话响起的时候，我正站在前门外面，我总不能让它响一夜吧，于是就拿起话筒，听到了一个相当有教养的声音：'我是恩格尔博格医生。玛丽莲·梦露死了。她曾声称要自杀。'

"起初，我以为这是某个浑蛋的恶作剧。大概是星期六晚上喝多了吧。但我还是记下了细节，决定开车去看看。不过，即便是到了那里，我还是认为这是个恶作剧。我们之前接到过类似的电话，一年前说有人开枪杀了拉娜·特纳。

"我来到玛丽莲·梦露家门前，按响了门铃，开门的是一个相当丑陋的黑发中年妇女。她说她叫尤尼斯·默里，是这里的管家。她说那个电话是真的——玛丽莲被发现死在自己的卧室里。直觉告诉我，我来到的是谋杀现场。这里面肯定有阴谋，我是说，一个惊天大阴谋。我问她屋内还有什么人在。她说有格林森医生和恩格尔博格医生在。

"我后来才知道，杰弗里斯当晚也在，不过没有人见过他。默里不想让他和警察说话，已经让他在人来之前离开了。这是她对那晚隐瞒的开始。我问默里两位医生什么时候到的，她说是午夜时分。我被带进了玛丽莲的卧室，尸体就在那里，医生们也在那里。但当我准备和他们握手时，他们却毫无反应。恩格尔博格是玛丽莲的私人医生，他很瘦，中年、灰发。格林森则是玛丽莲的心理医生，他稍微高一点儿，留了胡子。他的黑眼圈很重。他们两人都站在距床上的尸体大概 6 英尺的地方。很显然，他们并不欢迎我的到来。

"白色的床单对比下，玛丽莲的金发清晰可见。不管在任何地方我都能一眼认出她。我并没有将床单拉下，我不想触碰任何东西，包括那部电话。我觉得有些好事之徒已经代劳了。她的尸体被人巧妙地布置过，我觉得这显然是经过筹划的。

"她的姿势很完美，看起来似乎是在为另一本裸体日历做模特。我曾到过很多自杀现场，尤其是那些过量服用巴比妥类药物的人的自杀现场。在失去意识前的最后几分钟，他们会经历巨大的痛苦，身体也会剧烈扭曲。我问恩格尔博格是否移动过尸体。他回答说：'我只是为了检查她是否死亡。'我认为他在说谎。他肯定是在隐瞒什么。后来我发现那个叫默里的女人在洗床单。这不奇怪吗？在早晨的这个时候洗？我感觉案发现场被人为篡改了。但就这个案子来说，深入调查并不是我的工作。

"当晚，屋内是一种说不上来的情景。全世界最著名的女人赤身裸体地死

在卧室里。我感觉关键的证据已经被隐藏甚至销毁了。这只是种预感。我感觉所有人的行为都很可疑。和玛丽莲不同，他们只是业余的演员，并没有受过撒谎和掩饰的专业训练。默里一直跑来跑去地收拾东西，直到我让她停下。我问格林森医生：'有遗书吗？'他快速回答说：'没有。'

"在上级警官到来前，我在现场转了一个半小时以寻找线索。玛丽莲的床头柜上有空的处方药瓶。格林森对我说：'她肯定是吞下了所有的药丸。'我问他：'那她用来吞下这么多药丸的水杯呢？'我环顾四周，医生也四下张望——没有杯子。我走进浴室，那里也没有杯子。我打开水龙头，一滴水都没有。默里告诉我，由于房屋整修，浴室里的水被临时切断了，只能用走廊尽头的另一个浴室。

"格林森跟着我走进浴室说道：'这百分百是自杀。'我很生气："我们为什么不让洛杉矶的法医来做判断呢？'听着他们漏洞百出地陈述发现尸体的过程，我很怀疑他们为何要等四个多小时后才通知警察。那个叫默里的女人一直闪烁其词，那两个医生也是。格林森说：'我们在商量，福克斯公司应该得到通知。毕竟玛丽莲是大明星，对于媒体嘛，你知道的。'这分明是搪塞！他知道，按照法律，他必须立刻通知我们。没有人主动提供信息，对我的问题他们也只给出最简单的回答。"

克莱蒙斯随后离开了，马文·伊安诺尼（Marvin Iannone）警官接替了他。克莱蒙斯说："我开车赶回警局。总感觉自己刚才面对的是三个骗子。除此之外，我还相信在这四个小时内肯定有别人去过现场。许多人去了又离开，在我去之前已经全都走了。他们到底在掩饰什么？答案再明显不过了——玛丽莲·梦露是被谋杀的！"

马文·伊安诺尼警官抵达后，向默里询问她发现尸体的时间。和之前告诉克莱蒙斯的不同，这次她说是在凌晨 3 点 45 分发现的。当被问及两次陈述的时间为何不同时，她说："我累了，神经很疲惫，任谁都会犯错的。"很快，伊安诺尼就发现洗衣机在高速运转。他询问默里时，她解释说，人们会来到这里，还会在此拍照，她想"让一切都显得整洁"。然后伊安诺尼问了一个至

玛丽莲家中的现场照

关重要的问题："玛丽莲身上的床单似乎是刚拿出来的，你发现尸体时它就盖在上面吗？"

"不，它是新的。"

"也就是说，你拿走了原来的脏床单，然后换上了新床单？"

默里突然哭起来："请别再给我施压了，我已经六神无主了。我怎么可能记住这些琐碎的细节？"

当时在场的最高警官是罗伯特·拜伦（Robert Byron），洛杉矶警局西区分局的便衣警探唐·马歇尔（Don Marshall）协助他进行了初步调查。两人在屋里搜寻罪证。在客房，他们发现一个文件柜上的锁被撬了，抽屉里的所有东西都被人拿走了，除了一封信——它来自巴黎的一家夜总会，邀请玛丽莲前去进行为期一星期的演出。

客房朝向街道的门是虚掩的，门锁并没有撬动过的痕迹。拜伦推测，这件事肯定有内应。后来，拜伦因"肤浅的调查"而遭受抨击，尽管他被认为是洛杉矶最好的探员之一。多年以来，人们都推测洛杉矶警局局长威廉·帕克（William Parker）曾给他施压。帕克是罗伯特·肯尼迪在加州的朋友和主要支持者之一。据说，有人曾听到他和罗伯特·肯尼迪在星期日的早晨谈话，而且他也知道罗伯特·肯尼迪星期六下午就在玛丽莲家中。罗伯特·肯尼迪这样告诉帕克："抢在胡佛前面找到玛丽莲的电话录音。不然他可能会借此来要挟我。"

稍后在华盛顿，胡佛意识到录音中可能录下了打给罗伯特·肯尼迪，甚至是总统的最后电话，这绝对非常有杀伤力。他下令洛杉矶的特工去寻找玛丽莲的电话录音。但当特工们赶到电话公司时，却被告知录音已经被洛杉矶警局没收了。

混乱的证词

玛丽莲走了，她家被围得水泄不通，警局的电话也快被打爆了，肯尼迪兄弟成了人们最先、差不多也是唯一的猜测。这个政治王朝因此陷入了风雨飘摇的境地，美国未来的政治版图，或将系于这位金发女神的尸体上。然而，接下来发生的一切却匪夷所思。

有人（身份至今无从知晓）给盖伊·霍凯特（Guy Hockett）父子——西木区殡仪馆的工作人员打了电话，让他们到玛丽莲家里搬运遗体。父子俩开着一辆破旧的白色厢式车赶到了现场。走进玛丽莲的卧室，他们让众人都离开了。盖伊说："我们被告知她的死亡时间是一两个小时前。这绝对是胡说。遗体都已经开始僵硬了，她肯定死了好几个小时了。我们花了好久才让她的四肢弯曲，然后在她身上绕上带子，将她运到外面的棺材里。"

盖伊不是医生，但他见惯了尸斑，即尸体底部形成的蓝紫色斑块，这是血液在重力作用下沉积导致的。他说："尸斑通常在数小时后才出现。她身上有尸斑。她的指甲已经完全变成蓝色，就像涂了指甲油一样。肯定有人说谎了。我想应该是为了掩饰什么吧。"

玛丽莲的遗体覆盖着粉色毛毯，被绑在轮床上，在众多记者的注视下，从家里推了出来。他们将遗体放入厢式车，然后"砰"地关上门。其间，摄影师们一直疯狂地按着快门。

对于像玛丽莲这样的名人以及那些死因可疑的人，他们的遗体会被送往洛杉矶市区的法医处。但不知为何，玛丽莲的遗体却被送到了附近的殡仪馆，并在那里放置了两个小时，其间除了一名工作人员，没有其他人看守。

莱昂内尔·格兰迪森（Lionel Grandison）是洛杉矶验尸官的助手，主要

这辆车载着玛丽莲的遗体，穿过了逐
渐聚集起来的记者和摄影师

负责将死因可疑的尸体第一时间送往太平间进行尸检。起初，他甚至不确定玛丽莲的遗体在哪里，直到伊安诺尼警官告诉他，遗体已经被送去西木区殡仪馆了。他赶到那里的时候，工作人员已经开始对尸体进行防腐处理。他后来说："他们大声抱怨，不想把遗体移交给我，但法律是站在我这边的。"就这样，玛丽莲的遗体被送往县验尸所。路上，格兰迪森打开收音机，听到了彼特·劳福德的声音："帕特里夏和我都非常爱她。她是我遇到过的最非凡，同时也是最温暖的人。我再说什么也都是多余的了。"在纽约，苏珊·斯特拉斯伯格也对媒体评论说，玛丽莲被称为铁蝴蝶。蝴蝶美丽非常，散播快乐，只是生命太短暂。

格兰迪森的上司就是颇受争议的洛杉矶法医——西奥多·柯菲（Theodore Curphey）。柯菲迫于外界压力，在最后关头为玛丽莲安排了一次尸检。他吩咐下属将玛丽莲的遗体运往阴湿且老鼠成群的司法大楼地下室。世界上最著名的女神，只剩下了一个编号——81128，她被安放在 33 号地下室。托马斯·野口医生接受安排，对玛丽莲进行了尸检。约翰·迈纳（John Miner）受洛杉矶地方检察院的指派，前来监督野口对玛丽莲的尸检过程。

在野口的报告中，玛丽莲的遗体没有丝毫注射痕迹。这引起了包括罗伯特·斯莱特在内的一众"阴谋论"支持者的愤怒。就在玛丽莲去世的前一天，恩格尔博格还为她进行过注射，而救护车司机詹姆斯·霍尔也看到格林森用针头在她胸下注射。因此，即便在玛丽莲下葬以后，斯莱特还坚持认为应该起棺再次查验她的肋骨。

验尸报告中还有一处也极具争议——玛丽莲的胃是空的，没有戊巴比妥钠以及其他任何药物的痕迹。然而，结肠却出现充血并变色发紫，这表明玛丽莲的死另有玄机。迈纳对野口的结论表示怀疑，他在几天后的备忘录里写道："只有再进行一次深入的检查，我们才能知道玛丽莲的真正死因。"迈纳随后采访了几位知名病理学家，最终的结论是——巴比妥酸盐极有可能随着灌肠剂缓缓进入体内。许多评论家却表示，灌肠剂中混入药物之说太过荒谬。

尸检进行了五个小时。随后，野口医生摘除了玛丽莲的肾脏和肠子，以

供进一步研究。他说："这些样本对于确定死亡方式至关重要。没有它们，我们只能揣测。"样本被移交给首席毒理学家雷蒙德·J.阿伯内西（Raymond J. Abernathy），他对血液和肝脏进行了化验。血液化验结果显示，镇静催眠药耐波他和镇静催眠剂水合氯醛的含量严重超标。

几天后，野口向阿伯内西询问化验结果，但却被告知，阿伯内西以为这些内脏没有用，已经把它们处理掉了。内脏被处理一事引起了更多的揣测，媒体不停地追问："这么知名的尸体，这么重要的证据，怎么能遵循惯例处理掉呢？""阴谋论"随即更为广泛地传播开来。多年以后，迈纳宣称："担任区地方检察官这么多年里，我只见过尸体器官丢失过两次——一次是1962年玛丽莲的，另一次是1968年罗伯特·肯尼迪的。"

很快，又一件令人生疑的事浮出水面：尸检期间拍摄的照片都不翼而飞了！当局对此没有展开任何调查，尸检报告因而备受攻击。记者称其为"史上最奇怪的尸检报告"。马萨诸塞州首席验尸官西德尼·B.温伯格（Sidney B. Weinberg）医生说："所有证据都带有谋杀案的典型特征。"罗伯特·斯莱特也认为官方的报告是虚假的，他指控说，真正的报告已经被扣押下来，换上的假报告遗漏了所有重要的信息。

报告中究竟被隐藏了什么？让我们把关键证人的证词梳理一下。

首先是默里，在这个案件中，她是第一个发现玛丽莲出事的人——或许更准确地说，她被设定为第一发现者。一开始，她说自己后半夜醒来上厕所，看见玛丽莲的卧室还亮着灯，电话线从门下面伸了出来。问题是，当时屋里新铺了白色的厚绒地毯。大家都知道，新地毯的绒是很高的，因此，从门下根本不可能看到灯光，电话线更不可能从下面伸出来。而且，默里有自己的洗手间，根本不会路过玛丽莲的卧室。

默里后来说，自己试着进入玛丽莲的卧室，却发现门上锁了。这个说法有一个很大的漏洞——玛丽莲的卧室门上根本就没有锁。这位管家还说，为了看看玛丽莲的状况，她走出房门，进入花园，来到玛丽莲卧室一扇开着的窗户前，并从外面"挑开窗帘"。屋内的灯还开着，玛丽莲正躺在床上，电话则被她压在肚子下面。可是，玛丽莲卧室的窗户是从里面闩住的，默里不可能从外面挑开窗帘。玛丽莲曾计划安装遮光窗帘，不过这个计划还没有实施，作为替代，杰弗里斯将布钉在了窗框上。因此，任何人都不可能从花园里拨开窗帘。

默里说她随后回到屋里，用备用电话打给格林森医生——他和妻子刚刚吃完晚餐回来，就在附近，很快就到了。她还告诉警察，说自己直到凌晨 3 点 45 分才发现玛丽莲去世，而那时，玛丽莲的身体已经开始僵硬了。很显然，默里的时间表出了问题。

格林森医生的证词也漏洞百出。他说自己赶到后，立刻拿起拨火棍，从花园打碎玻璃，然后开了窗户。这个说法有一个问题：如果他从外面打碎了玻璃，那玻璃碎片将会掉落在卧室内的地毯上，但事实是，碎片是在屋外被发现的，这说明窗户是从内部被打碎的。

格林森医生的故事还和默里的故事产生了冲突。他声称发现玛丽莲死在床上时，她握着话筒，像是要给谁打电话。但在默里的版本里，玛丽莲则是将电话压在肚子下面。

格林森医生的时间表也很混乱。起初他说自己是在"午夜左右"被叫过去的，但霍尔却说在 10 点半就看到他了。如果他在午夜、甚至更早的时间就到了现场，那么问题来了——他和恩格尔博格为什么等了那么久才通知警方？并且，和默里一样，格林森医生之后又改口说，自己是在凌晨 3 点半抵达的。

凌晨 3 点 50 分，恩格尔博格签署了死亡证明。调查记者马修·史密斯（Matthew Smith）后来写道："这也就是说，格林森医生穿衣并驱车赶往海伦娜第五大道，然后打电话给恩格尔博格。恩格尔博格再穿衣、开车、检查尸体并签署死亡证明，这一切都要在短短的二十分钟内结束，几乎是不可能的。"

还有很多人明明曾出现在现场，却极力否认，例如玛丽莲的公关帕特·纽科姆，以及玛丽莲的律师米奇·鲁丁（Mickey Rudin）。阿瑟·雅各布斯（Arthur Jacobs）去世后，他的遗孀说："如果你真想知道那晚发生了什

么，去问帕特·纽科姆就好了。她知道得一清二楚。"而 1992 年，鲁丁也终于承认自己到过那里："格林森告诉我说玛丽莲去世了。我立刻开车赶过去了。纽科姆也在，她已经有些疯了。"这再次证实了救护车司机詹姆斯·霍尔的话。

或许我们有必要对上文提到的阿瑟·雅各布斯做一个简单的介绍。没错，他就是福克斯公司的公关。为了找出真相，玛丽莲的好友罗伯特·斯莱特经过调查发现，当晚布置死亡现场的"总导演"就是雅各布斯，他的目的是让福克斯得到 300 万美金的保险赔偿。在他匆忙编写的"剧本"指导下，玛丽莲的遗体从客厅被搬回到卧室，默里则被安排清洗留下的脏床单，并收拾床铺，让它看起来像没有人睡过一样。雅各布斯说："接下来的几年里，福克斯会从玛丽莲的电影里大捞一笔。我们可不能让心爱的女神在秽物中被发现。那看起来像什么样子！"这或许就解释了，为什么在玛丽莲死后几小时，警察才接到报案。玛丽莲死后，福克斯给了雅各布斯非常好的回报。他不仅赚了很多钱，还一举成为福克斯的一名制片人。他最早执导的是电影《傻女十八变》——这原本是为玛丽莲量身打造的。随后，他又推出了《人猿星球》（*Planet of the Apes*）系列。

多年过去了，也许是忘了自己最初的说法，很多人的证词都发生了变化。例如劳福德先说是玛丽莲打电话告诉他："我再也受不了了。自杀也许是个不错的主意。"他说他当时没有在意，因为玛丽莲之前不止一次说过要自杀。他说自己回答："看在上帝的分儿上，玛丽莲，可别留下什么遗言之类的。"不过，也许这个版本过于无情，劳福德在后来的采访中对此进行了大幅修改。他说，那天是星期六，晚上 8 点以后，他试图联系玛丽莲，但电话始终忙音。最后在经纪人的帮助下，律师米奇·鲁丁联系上了玛丽莲的家，默里回复说玛丽莲很好。

但实际上，那天劳福德举办了一个宴会，乔·纳尔（Joe Naar）和德洛丽丝·纳尔（Dolores Naar）夫妻俩都出席了。他们的住处和玛丽莲家只相隔四户。德洛丽丝后来回忆："那是个很愉快的夜晚。劳福德很快就喝醉了，席间他并未表露出任何不正常的迹象，但在某个时间被叫走了。回来后，他解释说是接到了玛丽莲的电话，说：'她很累，不能过来了。'"

纳尔夫妇离开圣塔莫妮卡，大概在 10 点之后回的家。德洛丽丝后来坚称："乔刚脱完衣服，就接到了劳福德的紧急电话。乔说他听起来有些惊慌失措。劳福德问乔能否去玛丽莲那里看看。乔再次穿上衣服，但就在那时，劳福德又打来电话说不必去了，'一切都好。我只是有点儿神经过敏罢了，你了解我的，我喜欢杞人忧天'。"

另外，从劳福德的邻居的证词中，或许也可以看出一些端倪。邻居说劳福德乘坐梅赛德斯离开家时大约是晚上 10 点，他脚步不稳，一名女子和他同行——那名女子不是别人，正是帕特·纽科姆，她当晚也出席了劳福德的派对。然而，劳福德的女仆厄玛·李·莱利（Erma Lee Riley）却说，她的老板（劳福德）当晚没出过门，但事实是，很多人都在午夜前看到劳福德出现在玛丽莲家里。

劳福德自己说，他直到凌晨 1 点半才得知玛丽莲去世的消息。可他的第三任妻子黛博拉·古尔德（Deborah Gould）却说："他告诉我他去过那里，他要在警察到达之前整理一下现场，并带走任何可能证明玛丽莲和肯尼迪兄弟有关的东西。"她还说，多年后，劳福德告诉她，玛丽莲死之前被灌过药剂。这表明他知道玛丽莲是怎么死的。

玛丽莲的窃听者弗雷德·奥塔什说，自己接到了劳福德的紧急电话，是在玛丽莲死后从她家里打来的。"那会儿都已经差不多午夜了。当然，那时我就知道玛丽莲已经死了。劳福德想让我过去把屋里的窃听设备都拆掉，因为他不懂那些。我拒绝了，我可不想蹚那摊浑水，搞不好还会弄个谋杀的罪名。我给了劳福德一些建议，还问了他一个重要问题：'罗伯特·肯尼迪和玛丽莲之死有关吗？'劳福德说：'绝对没有！他可没这么蠢！'"当然，奥塔什已经从录音中知道幕后黑手很有可能是吉安卡纳，但有一个问题始终没有答案——吉安卡纳背后又是谁？

劳福德回到家时，应该是凌晨 3 点左右，或许更晚。事实上，他的家也

被窃听了。在已被录音的电话上，他接到了一个从旧金山打来的神秘电话。录音记下了一个男子的声音："她死了吗？"

"嗯。"

奥塔什说："那听起来并不像是罗伯特·肯尼迪，而是一个声音更低沉的男人。"

谁是凶手

　　星期天一早，弗兰克·辛纳特拉得知了玛丽莲去世的消息。他立刻给远在马德里的艾娃·加德纳打了电话："玛丽莲不是自杀的。她是被人害死的！我不确定是谁干的，但我一定要找出来！"两个星期后，辛纳特拉又给艾娃打了电话："我已经知道是谁杀了玛丽莲，我知道这帮浑蛋是谁！"随后，他给罗伯特·肯尼迪打了电话，说有一些小道消息称，黑手党萨姆·吉安卡纳和约翰尼·罗塞利间接或直接参与了这起谋杀，他甚至知道杀手们的名字——五个杀手前一天就已经从芝加哥赶到了布伦特伍德，吉安卡纳给他们的命令很明确：星期六午夜前杀了玛丽莲·梦露。这伙人入行时间不短，被他们暗杀的人有三百多个。他们的暗杀榜单上，从没出现过玛丽莲这般出名的人物，但这绝不会令他们望而却步。

　　据说，在洛杉矶机场，约翰尼·罗塞利和杀手们见了面。他们坐进一辆黑窗轿车，司机将他们送往布伦特伍德的出租屋——那里距离玛丽莲的家只有两个街区。杀手们在这里监听屋内的一切，等待时机。按照计划，他们轮流监听玛丽莲房中的动静。那天下午罗伯特进去后，玛丽莲就一直放着辛纳特拉的唱片，这让他们很多时候都听不清楚。

　　1962年8月4日晚，罗塞利出现在玛丽莲的门阶前，他之前就曾来拜访过她几次。除了宠物，屋内就只有玛丽莲自己。她开了门，或许是急于知道罗塞利带来的重要消息，她将他请到客厅，倒了一杯香槟。

　　进屋的时候，罗塞利肯定悄悄地打开了前门。这样之后才不会留下暴力闯入的痕迹。可以想象，两人之间不会有什么威胁性的谈话。因为罗塞利知道，他所说的任何话都会被录下来。斯宾德尔的录音很久之前就被销毁了。

目前我们有的，只是他和奥塔什对录音的回忆——案发后，这在目击者和记者间广为传播。

玛丽莲和罗塞利寒暄了还不到五分钟，两名杀手闯入了房间。一人躲在玛丽莲后面，从包里取出浸了氯仿的毛巾。她的口鼻被毛巾捂上，挣扎也毫不起作用。吉安卡纳曾要求，她的身体上不能出现任何伤痕。罗塞利知道这里被窃听了，于是他让另外一人将玛丽莲搬到很远的客房去。显然，没人会窃听那里。闯入之前，这帮人已经准备了用作催眠和麻醉的戊巴比妥钠溶液、镇静催眠剂水合氯醛以及水。

玛丽莲的挣扎很快就停止了。她被脱去衣服，赤裸地放在床上，臀部下面还铺了块浴巾。他们带着装满药物混合溶液的保温瓶，然后将液体灌入球形注射器，注射器尖端还涂着凡士林，以便更容易地插入直肠。毒性混合物就这样被注入她的体内。随后该过程又被重复了一遍。另一个杀手则进入卧室，将她的药全都倒入口袋里带走，还故意留下了空药瓶。显然，他是想造成她大量服用镇静剂的假象。

整个行动在不到三十分钟的时间内完成，至少看起来是这样。或许是听到了什么声响，他们匆忙离开，慌乱中甚至连门和灯都忘了关。

辛纳特拉对罗伯特说："我唯一没有想明白的是，究竟是谁出钱让吉安卡纳这么做的？"罗伯特向他保证一定会调查此事，但罗伯特从来没有兑现过承诺。毫无疑问，他是担心调查会泄露自己和玛丽莲的关系。而在接到辛纳特拉的电话前，为了掩盖这有可能断送肯尼迪家族政治前途的关系，他和总统先生已经做了很多努力。

有调查显示，劳福德在警察赶到之前就去了玛丽莲的家，到达现场后立刻转移了"书面记录"——那会证实玛丽莲与肯尼迪兄弟之间的牵连。他从玛丽莲的文件柜里装走了整整三箱私人文件。通常情况下，这个柜子应该是锁着的，但在两个星期前，有人闯入并抢走了一部分文件。玛丽莲原本打算叫锁匠来，但她始终没有修柜锁。据称，劳福德最重大的发现，就是玛丽莲那本红色的日记。他从文件柜中带走了它。默里说，星期五那天，她还看到玛丽莲在写日记。有传闻说，所有的这些文件，包括那本日记，都在几天后被贴上"仅供司法部长审阅"的标签，小心谨慎地运往了司法部。

就在玛丽莲去世的那个星期天，她的密友珍妮·卡门家里的窗户被人砸碎了，有人闯进了她的公寓。"我所有的照片都被拿走了，其中有些是我和玛丽莲的，还有很多难以启齿的东西。有三四件珠宝散落在地上，但没被盗。我立刻就懂了，入室抢劫的这个人只是想要我和玛丽莲有关的东西。我叫了警察，但我的东西再也没找回来。"

卡门开始怀疑自己是不是也像玛丽莲一样，知道得太多了，尤其是关于彼特·劳福德、肯尼迪兄弟以及黑手党。一个星期后，卡门和弗雷德·奥塔什见了面。两人的恋情反反复复很多次。奥塔什说："玛丽莲不是自杀的，是被谋杀的，就这么简单，有一天你也可能遭此下场。你还没有意识到吗？你现在能活着已经很幸运了。在所有的事情搞砸之后，黑手党想把你灭口，但我说服他们放过了你。"

卡门感到恐惧，她觉得自己也被人监视了。她打包好自己的东西，飞往亚利桑那州的斯科茨代尔，在那里隐姓埋名地生活了十多年。她剪掉了一头淡金色的卷发，在劳海德镇外的西大荒游乐园里做鸡尾酒服务员，而且结了婚，生了三个孩子。

1972年，卡门意外地接到了约翰尼·罗塞利的电话，他找到了她，告诉她已经没有危险了，还邀请她在拉斯维加斯的金沙酒店共度周末。罗塞利给她订了个套房，并给她寄来了机票。两人共进晚餐时，罗塞利责怪吉安卡纳杀了玛丽莲，但没有提到他自己。那个周末之后，卡门再也没有见过罗塞利。

玛丽莲死后，目击证人大多没了踪迹，或者缄口不言。罗伯特·斯莱特第一次公开质疑官方的报告时，接到了一个匿名恐吓电话："你这个浑蛋，等着被收拾吧！"1964年，斯莱特的家遭到多次非法入侵。另外，他还接到了许多恐吓电话。一天晚上，当他停好车朝家门口走去的时候，三个人跳了出来，将他暴打一顿。

斯莱特有时会跟"好莱坞侦探之王"米洛·思伯瑞格里罗（Milo Speriglio）共享信息。在《33 号地下室，玛丽莲·梦露传奇——临终遗言》（*Crypt 33，the Saga of Marilyn Monron—the Final Word*）中，他明确指出了杀害玛丽莲的凶手是谁，他们都是吉安卡纳的手下，分别是菲力克斯·阿尔德瑞希欧（Felix Alderisio）、查尔斯·尼科莱蒂（Charles Nicoletti）、弗兰克·施维（Frank Schweihs）、安东尼·斯皮洛特罗（Anthony Spilotro），以及弗兰克·库罗塔（Frank Cullotta）。

1999 年夏天，20 世纪进入了尾声，声名狼藉的朱迪斯·坎贝尔 65 岁了，踏入了生命的最后征途。朱迪斯和玛丽莲一样，既是萨姆·吉安卡纳的情人，也是杰克·肯尼迪总统的情人。几十年来，她都活在恐惧中，担心遭到黑帮的袭击。侦探米洛·思伯瑞格里罗前来探望她，问她有没有要揭露的秘密。

朱迪斯告诉他："我现在的时间是从死神那里借来的，我已经没什么理由害怕那些黑帮以及肯尼迪兄弟了。我害怕的是死亡本身。萨姆·吉安卡纳已经死了很久了，他也没法再杀人了。""我知道吉安卡纳参与了玛丽莲的谋杀案，这是他一天晚上在芝加哥告诉我的。他并没有引以为傲，事实上，他感到深深的愧疚。除掉玛丽莲是别人的想法，但他没告诉我这个'别人'是谁。我们也许永远都不会知道了。"

最后的告别

得知玛丽莲的死讯，迪马吉奥痛不欲生。"自杀？鬼才信！她都已经计划好未来了。我们准备复婚的。都是肯尼迪那帮浑蛋，尤其是那个罗伯特。我恨他！还有那个混账辛纳特拉。从今天起我要跟他断绝来往！他也参与了谋害玛丽莲的行动！"

迪马吉奥从旧金山飞到了洛杉矶。抵达之后，他联系了玛丽莲同母异父的姐姐伯尼斯。玛丽莲的母亲已经 62 岁了，行动不便，连自己都照顾不了，更不用说处理女儿的后事了。因此，伯尼斯代表玛丽莲的家庭授权迪马吉奥组织葬礼。伯尼斯对迪马吉奥说："我觉得她绝对不是自杀，我才不相信玛丽莲会这么做。"

玛丽莲的好友兼化妆师惠尼·斯奈德负责为玛丽莲的遗体化妆。就在玛丽莲死前几个星期，她曾经对斯奈德说："如果哪天我死了，除了你，不要让其他任何人碰我的脸，好吗？"斯奈德去给玛丽莲化妆时，发现迪马吉奥守了玛丽莲一夜，他说："他的眼睛哭得红肿。他呆呆地盯着她，他把玛丽莲的死归罪于好莱坞和肯尼迪兄弟。"

本来悉尼·盖瑞拉弗是来给玛丽莲做发型的，但他刚进来就晕倒了，无奈之下，斯奈德拿来了《乱点鸳鸯谱》中的假发，精心给玛丽莲戴上。他还让尤尼斯·默里带来了许多裙子。斯奈德和妻子挑选了一件青绿色的，那是玛丽莲在墨西哥的新闻发布会上穿过的。

与此同时，记者们正在打听关键人物们对此事的评论。玛丽莲的好友帕特里夏·肯尼迪没有立刻做出评论，而彼特·劳福德则去了海厄尼斯港；杰奎琳总统夫人无意发言，她离开了华盛顿，带着孩子们畅游欧洲去了；而

肯尼迪总统正在缅因州度假，有人在海岸警卫队的船舰上看到过他；罗伯特·肯尼迪消失在了俄勒冈州的深山里；阿瑟·米勒在纽约，不过记者们打过去的电话他一个都没接。

玛丽莲的葬礼定于 1962 年 8 月 8 日举行，地点在西木纪念墓园的灵堂。整个好莱坞弥漫着悲情的气氛。据说这是自 1926 年鲁道夫·瓦伦蒂诺（Rudolph Valentino）去世后声势最为浩大的葬礼。西木纪念墓园坐落于威尔夏大道背后，因没有得到良好的维护而有些破烂，连它周围的街区也是破破烂烂的。而且，路过车辆的轰鸣声清晰可辨，不是一个清净之所。

葬礼将要开始时，影视圈名流们才得知，只有受邀者才能参加葬礼，而受邀宾客非常有限。迪马吉奥发表了简短的声明："这是一场小规模的葬礼，这样她就能安息了。这是她期待已久的平静。"他们尊重了迪马吉奥的意愿，纷纷送去了鲜花，其中大部分都是粉色的康乃馨和夜来香，据说这是玛丽莲最喜欢的花。

当天受邀的宾客包括格林森医生一家、安娜·卡吉（Anna Karger）——玛丽莲的情人弗雷德·卡吉（Fred Karger）的母亲、玛丽莲的业务经理伊内兹·梅尔森（Inez Melson）、玛丽莲的姐姐伯尼斯、帕特·纽科姆、尤尼斯·默里、按摩师拉尔夫·罗伯茨、律师米奇·鲁丁、发型师悉尼·盖瑞拉弗，以及斯特拉斯伯格夫妇。还有一些名人希望参加，但都被拒之门外。

迪马吉奥后来做出了解释，说明为何要冷落那些与玛丽莲亲近的人。"如果不是因为这些所谓的朋友，她肯定还活着。"讽刺的是，在迪马吉奥邀请的宾客中，有一些正是掩盖事件真相的关键人物。

为了悼念玛丽莲，辛纳特拉和帕特里夏·肯尼迪开车去了葬礼现场。但两人被门口的保安拦下了。辛纳特拉给了保安 100 美金，但依旧被拒绝进入。辛纳特拉因此只能和帕特里夏及小萨米·戴维斯站在灵堂外的草坪上。灵堂里传出朱迪·嘉兰的歌曲《飞越彩虹》（Over the Rainbow），这是玛丽莲最爱的歌曲。

葬礼上，李·斯特拉斯伯格负责诵读悼词。玛丽莲死前几个月两人已经产生了嫌隙，他到了洛杉矶都没去拜访她。如果玛丽莲活到 8 月 6 日，说不定她会更改遗嘱，但迪马吉奥似乎没有发现两人关系的疏远。

作为玛丽莲财产的主要继承人，李·斯特拉斯伯格被记者怀疑是谋害玛丽莲的凶手。不过讽刺的是，玛丽莲死的时候已经破产了，她的生活方式把钱都耗光了。然而，玛丽莲的资产最终达到了上百万。但那时，宝拉和李·斯特拉斯伯格都已经离世了，没能从中获益。李·斯特拉斯伯格后娶的妻子安娜得到了这笔财产。

斯特拉斯伯格用职业表演人的声音，诵读了悼词：

玛丽莲·梦露是一个传奇。她用一生打造了一个神话，由一个孤苦的小女孩儿变身全世界永恒的性感女神。

然而，我无法描述这段神话，无法描述这个传奇。我不了解这个玛丽莲·梦露。

今天，我们相聚在此，我们只认识这样的玛丽莲——她温和又热情、害羞又敏感、害怕被拒绝，却也追求刺激的生活。

她名满天下，却从未止步不前，她一直在期待全新的生活。在她眼中，她的职业生涯才刚刚起步。我也深表赞同。她的天赋不言而喻。或许有人能赶上她的美貌，但她的气质无人能及。她总是光彩照人——集信念、魅力和执着于一身——这造就了她的独一无二，让世人也渴望拥有和她一样的纯真、羞涩与活力。

现在一切都结束了。我希望她能赢得大家的同情与支持。这位充满灵性的女艺术家曾经为全世界带去了欢声笑语。

我无法说"再见"。玛丽莲从来不喜欢再见。但她总是有办法让人面对现实——我会说"再会"。她所去之处，也是我们未来的归宿。

灵堂里，迪马吉奥迎接宾客向玛丽莲的遗体致哀。宾客们陆续走过后，他在玛丽莲冰冷的手里放了三支黄玫瑰。

虽然玛丽莲的遗体被安葬了，但她的传奇和神话却从此刻正式开始。成

玛丽莲 · 梦露的葬礼

群的粉丝守在那里，他们疯狂地想要抢走鲜花、丝带等各种东西，希望能做个纪念。

从年轻的模特诺玛·简，到 20 世纪 40 年代叱咤好莱坞的性感女王，玛丽莲度过了辉煌的一生。她的坟墓上盖着杂色大理石，墓前还有一座青铜墓碑。

玛丽莲·梦露

1926—1962

当天晚上，迪马吉奥独自返回西木纪念墓园，向玛丽莲做最后告别。之后的二十年里，他每个星期都会遣人送去新鲜的红玫瑰。然而不知为何，自 1982 年之后，他再也没有这么做。

尾 声

1963 年，在玛丽莲去世十五个月后，杰克·肯尼迪总统遭到了暗杀。1968 年，罗伯特·肯尼迪竞选总统时也遇刺身亡。1975 年，萨姆·吉安卡纳在厨房被人暗杀，脑浆四溅。1976 年 7 月 27 日，约翰尼·罗塞利被人绑架并杀害了，尸体被装进一个油桶里，埋在了佛罗里达海湾，最终被两个渔民发现。

1978 年，达瑞尔·盖茨（Daryl Gates）接任洛杉矶警察局局长，公众要求调查玛丽莲·梦露案件的呼声越来越高。但盖茨发现，"我根本无法找到她的案卷。我在车库中寻到了一些文件，大概有 700 页，不过都是关于玛丽莲死亡的报纸文章，还有一些无关紧要的照片。我从中浓缩出了 19 页的官方报告"。1978 年 10 月 2 日，盖茨发表声明，否认继续调查的必要性。"现存证据不足以支撑调查。"人们纷纷抗议，但官方对这些要求视而不见。

多年来，救护车司机詹姆斯·霍尔遭受了无数袭击和辱骂，不过在警官克莱蒙斯看来，霍尔的证言是可信的。"结合我自己的调查来看，他的叙述合情合理，然而救护车公司的其他人都撒了谎。霍尔的故事解释了许多疑点。霍尔和其他人不同，他有什么可掩饰的呢？"

1982 年 11 月，43 岁的霍尔成了内华达州的一名商人。他向《环球报》透露了内幕。这家小报刊登了一篇轰动性的文章，题为《我看到了玛丽莲被害死》。霍尔在佛罗里达接受了测谎试验，顺利通过并得到了4万美金的报酬。十年后的1992年，面对日渐强烈的批评之音，霍尔再次进行了测谎。职业测谎师向官方报告说："詹姆斯·霍尔没有撒谎。在经过许多耗神的测验之后，他通过了所有的题目。"

1985年，一位调查记者在洛杉矶郊区寻到了默里·利博维茨。利博维茨告诉他："别找我，我是第二天上班的时候才听说的。"然而后来，利博维茨承认霍尔的描述是真的，他的确和霍尔开救护车去了玛丽莲的家——"事情就像霍尔说的那样"。

彼特·劳福德一直为玛丽莲的死深感自责。就在他去世的那一年，有位记者采访他时问到了玛丽莲，劳福德突然打断记者失声痛哭，他对记者说："到今天为止，我都是带着愧疚生活的。我本应该坐进车里，直接开到玛丽莲的寓所，但我没有这么做。"

劳福德去世前不久曾在贝蒂·福特中心戒酒，他给已故的肯尼迪总统写了封信。

我知道你在那里过得很好，你总是过得很好。你在那边也做了什么机构的总统吗？罗伯特和玛丽莲怎么样了？请代我向他们问好。

很快我就会来见你了。

你的朋友，彼特·劳福德

珍妮·卡门最终回到了加利福尼亚，定居在纽波特海滩。她的余生很大一部分时间都在接受采访，讲述她和玛丽莲的友谊。

2000 年，卡门在接受采访时曾对一位记者说：

每天我都会想起玛丽莲。我多希望能够回到 20 世纪 50 年代啊，我们一起为海报拍照。那时候我们那么年轻漂亮，一头金发。那时候我们还有梦想。好吧，梦想会随着时间的流逝而消逝，年轻与美貌也会消逝。但是对玛丽莲来说，她会永远年轻。弗兰克·辛纳特拉、埃尔维斯·普雷斯利、约翰·肯尼迪、罗伯特·肯尼迪、约翰尼·罗塞利、乔·迪马吉奥、埃罗尔·弗林、霍华德·休斯、克拉克·盖博……这些人都和我们有过历史。只是，这些人只是给了我们身体，却从来没有给过心。女人的一生不可能什么都得到。

卡门最后一次接受采访是在 2007 年 11 月 12 日，记者来自澳大利亚的一家报社。2007 年 12 月 20 日，卡门在位于加利福尼亚橘子郡的家中逝世，享年 77 岁。